中級から上級テキスト

文化で学ぶ コリアン

読解と作文

金恵媛・文珍瑛 著

白帝社

音声ダウンロードサービスについて

■ このテキストの音声ファイル(MP3)を無料でダウンロードすることができます。
「白帝社　文化で学ぶコリアン　読解と作文」で検索、または以下のページにアクセスしてください。

https://www.hakuteisha.co.jp/news/n53564.html

● 本文中の　マークの箇所が音声ファイル(MP3)提供箇所です。PCやスマートフォンなどにダウンロードしてご利用ください。

＊デジタルオーディオプレーヤーやスマートフォンに転送して聞く場合は、各製品の取り扱い説明書やヘルプ機能によってください。

＊各機器と再生ソフトに関する技術的なご質問は、各メーカーにお願いいたします。

まえがき

このテキストは、文化コンテンツを楽しみながら韓国語の運用能力、なかでも読解力と作文力の向上を目指します。全10課からなりますが、韓国の映像作品（映画やドラマ）に示唆を得たエッセイと文学作品（部分引用）、いずれも日本にもすでに紹介されている作品を選定しています。本書掲載作品の原著や詳細なストーリーが気になる場合、図書館で借りたり、インターネットや書店などで手に入れ、読んでみてください。

このテキストの企画は、中級レベルの学習者が抱える悩みと向き合うなかで始まりました。「韓国語の検定試験で読解と作文が難しいが、大学の授業は入門や初中級クラスが多く、内容も文法や会話が中心となっているので独学で頑張っている。しかし、独学では読解や作文の練習は難しく、適当な教材も見当たらず困っている」という話でした。そこで本書は、中級以上を目指す学習者の韓国語の読解・作文能力の向上、独学でも授業でも活用しやすい構成にしました。

本書の活用例と各課のページ構成について紹介します。全6ページ構成で、本文、「新しい語彙」と「本文の翻訳」「文法」「文法ドリル」「読解ドリル」、そして「応用」となっています。本文は中級レベル（韓国語能力試験4級）の語彙や文法が中心となっています。プロの作家による洗練された文章については、声に出して読んでみることもいいでしょう。「文法」は、『標準韓国語文法辞典』（原著は韓国・国立国語院。アルク、2012）を参考に、本文のなかから普段よく使いそうな項目を取りあげました。「読解ドリル」では本文の内容理解を問うクイズと短文づくり、そして、本文の要約文を作成します。最後の「応用」コーナーでは、簡単な会話練習とやや長めの作文を行います。まずは、本文のテーマと関連する言葉やイメージを簡易なマインドマップに書き込み、グループで意見交換を行います。続いて、原稿用紙を使った長文作成です。多様な方法で本文の概要や行間をとらえて、自分の言葉でメッセージをまとめる学習セットになります。

このテキストですすめる長文を的確に読み解く、他者と話し合う、そして考えを文章にするといった外国語学習は、通訳・翻訳アプリの実用化が進む時代にこそ求められる学び方だといえます。このテキストを使って、言葉とその背景を吟味する学び、自分の言葉で表現する学びを楽しんでください。

本書の出版に際して白帝社の皆様と伊佐順子氏に感謝致します。

2023年夏　著者一同

目次

原稿用紙の書き方

注意 原稿用紙の書き方に絶対的な原則があるわけではありません。ここでは一般的な書き方を紹介します。

① 1行目に文章の種類を書きます(テーマが決まっている場合、省略可)。

② 2行目の中央にタイトルを書きます(テーマが決まっている場合、省略可)。

③ 3行目の右に1マスをあけて、名前を書きます。

④ 5行目(テーマが決まっている場合、1行目)に1マスをあけて文章を書きます。

⑤ 同じ段落では、分かち書きでも左のマスはあけません。

⑥ 段落が変わると左に1マスをあけて文章を書きます。

⑦ 句読点 (, .) は1マスを使い、左下に書きます。次のマスから文章を書きます。

⑧ 行の一番右端のマスで文章が終わる場合、句読点 (, .) はマスの外に書きます。

⑨ ?、!、…は1マスに書き、1マスをあけて次の文章を書きます。

⑩ 会話文や引用文の場合、右に1マスをあけて書きます。

⑪ アルファベットと数字は、1マスに2文字を書きます。

⑫ かぎかっこや引用記号などは1マスに書きます。

<수필>

책 읽는 즐거움

문진영

우리는 시간이 여유가 있을 때, 마음
의 안정을 찾고 싶을 때 책을 읽는다.
아니면 책을 읽으면서 마음의 안정을
찾는 경우도 있다.
책 읽는 즐거움은 무엇일까? 우리는
책을 읽으면서 책 속의 인물들과 함께
지금까지 해 보지 못한 경험을 할 수
있다.

中級から上級テキスト

文化で学ぶ コリアン

読解と作文

제1과 믿음직스러운 김밥

01

드라마에서는 스토리를 더 잘 이해할 수 있도록[1] 하기 위해 다양한 소품과 장치가 사용된다. 작품이 만들어지는 지역의 사회문화적 특징은 말할 것도 없다. 예를 들면, 해외 한류 매니어들이 지적하듯이[2] 한국 작품에는 여러 사람이 같이 식사하는 장면이 자주 등장한다. 이는, '의식주(衣食住)' 중에서도 '식' 을, 그것도 같이 먹는 것을 중요하게 여기는 한국 문화의 특성을 반영한 것이라고 하겠다.

음식이 소품으로 활용된 예로 자폐 스펙트럼 장애를 가진 변호사가 매일 김밥을 먹는다는 드라마에서는 "김밥은 믿음직스러워요. 재료를 한눈에 볼 수 있어서 예상 밖의 식감이나 맛에 놀랄 일이 없습니다." 라는 대사가 화제를 모았다. 김밥의 특징을 새로운 시각으로 그려내면서, 시청자들이 자연스럽게 장애에 대해 관심을 갖게 되는 기회를 제공했다.

친구가 만든 계란과 볶은 김치만 넣은 사각 김밥을 보고 "햄이랑 시금치는 없어? 조린 우엉은?" 이라고 경계심을 늦추지 않으면서도 맛있게 먹는 주인공의 모습 또한 인상적이었다. 평소에 먹던 것과 모양도 재료도 다른 김밥이 당황스러웠지만, 신뢰하는 친구가 만들어 준 것이기 때문에 받아들일 수 있었던 것이다. 사각 김밥이 창작 김밥에 대한 호기심을 자극하기도 했지만, 한국적인 요소인 식사 장면을 이용하여 장애의 증상이나 대인관계에 끼치는 영향에 대한 사람들의 선입견을 되돌아보게[3] 해 준 것 같다.

新しい語彙

믿음직스럽다　頼もしい、信頼できる
소품　小道具
말할 것도 없다　言うまでもない
지적하다　指摘する
등장하다　登場する
여기다　思う、見なす、感じる
반영하다　反映する
활용하다　活用する
장애　障害
한눈에　一目に、一目で
식감　食感、歯ごたえ
놀라다　驚く、びっくりする
제공하다　提供する
경계심　警戒心
늦추다　緩める
모습　姿
평소　平素、ふだん
당황스럽다　パニックになる、慌てる
신뢰하다　信頼する
받아들이다　受け入れる、取り入れる
증상　症状
되돌아보다　振り返る

本文の翻訳

文 法

1. 動 存 形 ＋ 도록　～するように, ～するほどに, ～しても

바로 출발할 수 있도록 준비했어요.

（すぐ出発できるように準備しました。）

한번 만나 보도록 제가 권했어요.

（一度会ってみるように私が勧めました。）

목이 쉬도록 계속 응원했어요.

（声が枯れるほど応援し続けました。）

2. 動 存 形 指 ＋ 듯이　～するように

：過去形の後にもつく。

형제지만 서로 얼굴이 다르듯이 생각도 달라요.

（兄弟だけど、お互いの顔が違うように考えも違います。）

다 끝난듯이 말하네요.

（すべて終わったかのように言いますね。）

너도 알고 있듯이 두 사람은 헤어졌어.

（君も知っているように2人は別れたよ。）

3. 動 存 形 ＋ -게　～く、～するように

우리를 만나게 해 준 분이세요.

（私たちを会わせてくれた方です。）

잠시 혼자 있게 해 주세요.

（しばらく1人にさせてください。）

좀 더 크게 만들어 보세요.

（もう少し大きく作ってみてください。）

文法ドリル

1. 次の文を日本語に訳してみましょう。

① 내년에는 그 시험에 꼭 합격할 수 있도록 도와 주세요.

日訳 ______________________________

② 언제나 그랬듯이 이번에도 응원할게.

日訳 ______________________________

③ 소금을 조금만 넣을까요? 조금 싱겁게 하려고요.

日訳 ______________________________

④ 한국말을 정말 유창하게 말하네요. 꼭 원어민 같아요.

日訳 ______________________________

2. 次の文を韓国語に訳してみましょう。

① 後ろの人にもよく見えるように画面を大きくしましょうか。

韓訳 ______________________________

② 朝から蒸すように暑い日曜日でした。

韓訳 ______________________________

③ 全体的に明るくしたいと思ってオレンジ色を使ってみました。

韓訳 ______________________________

④ 面接時間に遅れないように1時間早く家を出ました。

韓訳 ______________________________

読解ドリル

1. 本文の内容に合う文には○を、異なる文には×を書いてみましょう。

① 영상 작품은 여러가지로부터 영향을 받게 된다. ( )

② 옛날 한국 드라마에는 혼자 식사하는 장면이 많았다. ( )

③ 김밥은 단면만 봐도 어떤 맛일지 대충 알 수 있다. ( )

2. 次の質問に答えてみましょう。

① 친구가 만든 것과 주인공이 평소에 먹는 김밥에는 어떤 차이가 있습니까?

② 한국 드라마에서 식사 장면이 많이 그려지는 이유는 무엇입니까?

③ 김밥을 썰어 놓은 단면을 보면 어떤 것을 알 수 있습니까?

3. 本文を韓国語で要約してみましょう。(150字程度)

応 用

1.「〇〇記念日」に楽しみたい料理をひとつ決めて、紹介してみましょう。

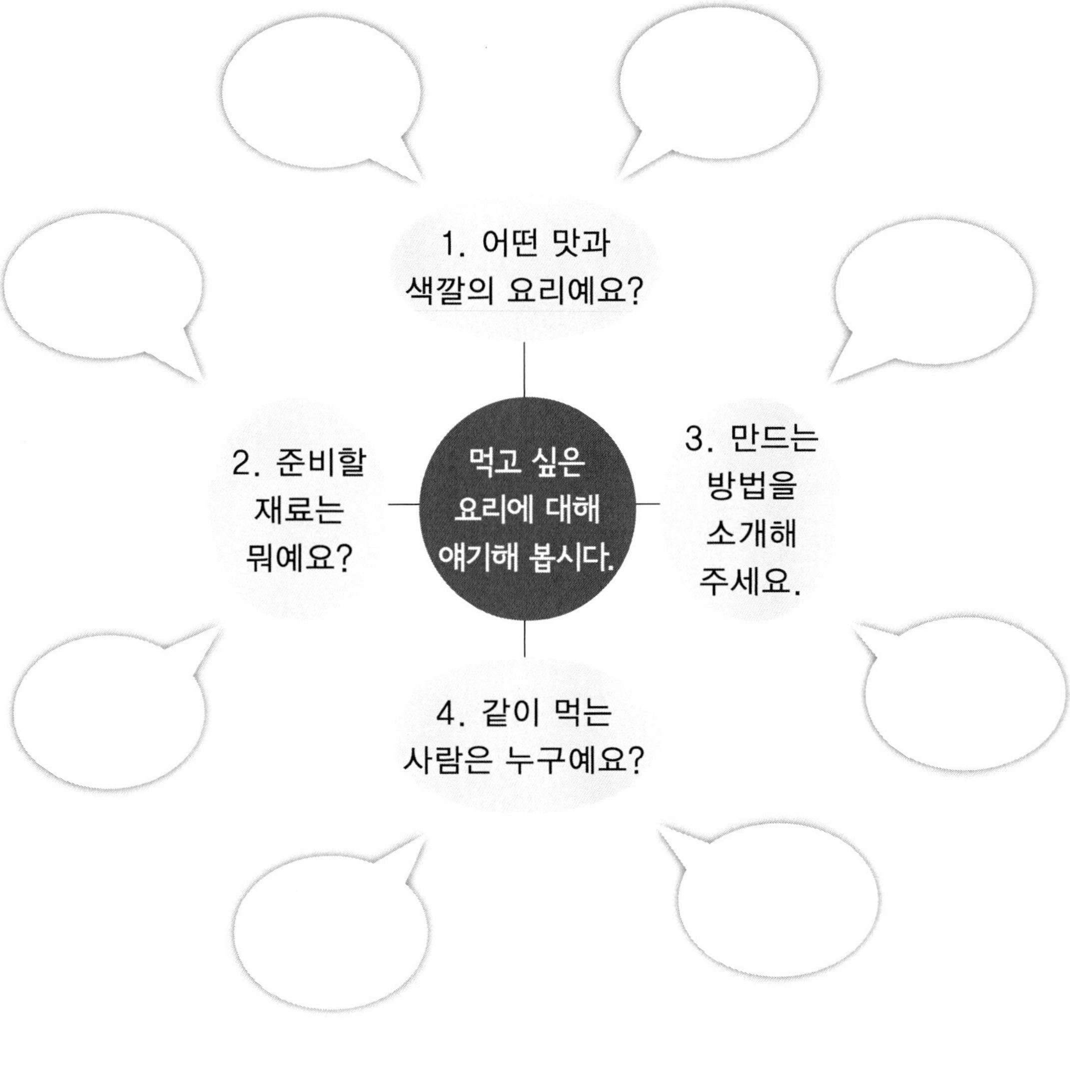

2. 上の図を参考に、記念日と料理について韓国語で書いてみましょう。

（400字程度、付録の原稿用紙を使用）

参考作品 ドラマ『이상한 변호사 우영우』, ENA, 2022.

제2과 상상

02

쇼코는 내게 네모로 접은 세계지도를 선물해줬다. 쇼코는 세상은 넓고, 우리는 어디든지 갈 수 있다고 말했다. 우리 읍에서 가까운 도시로만 갈 것이 아니라, 기왕이면 서울로, 베이징으로, 파리로, 뉴욕으로 가라고[1] 말했다. 나는 그 말이 웃겨서 그냥 웃기만 했다[2]. 우리 가족 중에는 서울에서 살아본 사람도 없었고, 나도 그냥 내가 태어난 근방에서 살아갈 거라고 생각했었으니까.

나는 쇼코가 준 세계지도를 내 방 벽에 붙여놓고, 쇼코가 살고 있는 A 시와 우리 군에 빨간색 점을 찍었다. 두 점은 한 뼘도 되지 않을 정도로 가까웠다. 그리고 쇼코가 가고 싶다는 세계의 도시들에도 점을 찍었다. 베이징, 하노이, 시애틀, 크라이스트처치, 더블린. 그 작은 점 속에서도 사람들이 살고 있다고 생각하니 아득해지는 기분이었다.

쇼코의 첫번째 편지는 쇼코가 떠난 지[3] 일주일 뒤에 왔다. 쇼코는 한국에서 머물렀던 시간을 잊을 수 없을 거라고 말했다. 언젠가 대학에 가게 되면 한국에 다시 와서 나와 여행을 하겠다고 했다. 쇼코는 다시 도착한 일본이 너무나 습하고, 집으로 들어가는 순간 무덤 속으로 들어가는 기분이었다고 불평했다. 그리고 다음에 만나면 꼭 팔짱을 끼자고 적었다.

최은영, 『쇼코의 미소』중에서

新しい語彙

상상　想像

네모　四角

접다　折る

-든지　~でも

읍　(地方の行政区域の1つ)邑(ユウ)

기왕이면　どうせなら、せっかくなら

웃기다　おかしい、笑わす、笑わせる

태어나다　生まれる

근방　近所、あたり

벽　壁、障壁

군　(地方の行政区域の1つ)郡(グン)

빨간색　赤色

점　点、要点

찍다　つける、押す

한 뼘　2本の指を広げた幅、指尺

아득하다　気が遠くなる、果てしなく遠い

머무르다　とどまる、泊まる

언젠가　(언제인가の縮約形)いつか

습하다　じめじめする、湿り気がある

순간　瞬間

무덤　墓、墳墓

불평　愚痴、不平、不満

팔짱(을) 끼다　腕を組む

적다　書く、記す

미소　微笑、ほほえみ

本文の翻訳

文法

1. 動 存(있다) + (으)라고　~しろと、~なさいと

：ㄹ語幹には-라고がつく。

어머니는 스파게티를 만들라고 말씀하셨다.

(母はスパゲティを作りなさいとおっしゃった。)

의사가 건강을 위해 골고루 먹으라고 했다.

(医者が健康のために満遍なく食べなさいと言った。)

주말에는 집에 가만히 있으라고 했다.

(週末には家にじっとしていろと言った。)

2. 動 形 + 기만 하다　~してばかりいる

아무 것도 못 하고 울기만 했어요.

(何もできず泣いてばかりでした。)

학생이 없는 학교는 쓸쓸하기만 합니다.

(学生がいない学校は寂しいばかりです。)

나는 바쁘기만 한데 너는 시간이 많구나.

(私は忙しいばかりなのに、君は時間が多いようだな。)

3. 動 + (으)ㄴ 지　~してから

：ㄹ語幹はㄹが脱落する。

한국에 온 지 두 달이 지났다. (韓国に来て2カ月が過ぎた。)

그 책을 읽은 지 오래돼서 줄거리가 기억이 안 난다.

(その本を読んでからだいぶ経っているのであらすじが思い出せない。)

도쿄에 산 지 10년이 넘었다.

(東京に住んでから10年以上が過ぎた。)

文法ドリル

1. 次の文を日本語に訳してみましょう。

① 저를 만나러 어머니가 일본에 오신 지 일주일이 됐어요.

日訳 ______________________

② 병원에 전화하니까 내일 오라고 했다.

日訳 ______________________

③ 언니는 먹기만 하고 정리는 안 했어요.

日訳 ______________________

④ 대학을 졸업한 지 벌써 10년이 지났어.

日訳 ______________________

2. 次の文を韓国語に訳してみましょう。

① 先生の質問に答えられず、笑うばかりでした。

韓訳 ______________________

② アメリカから帰ってきてから、半年が過ぎた。

韓訳 ______________________

③ 社長が午後までに企画書を書きなさいと言って、出掛けられた。

韓訳 ______________________

④ 部屋で寝るばかりで、勉強はしません。

韓訳 ______________________

読解ドリル

1. 本文の内容に合う文には○を、異なる文には×を書いてみましょう。

① 가족 중에는 서울에서 살아본 사람이 있다. (　　)

② 쇼코는 한국에서 머물렀던 시간을 잊을 수 없을 거라고 말했다. (　　)

③ 지도에서 A시와 우리 군은 한 뼘도 되지 않을 정도로 가까웠다. (　　)

2. 次の質問に答えてみましょう。

① 쇼코가 선물한 것은 뭐예요?

② 쇼코가 선물한 것을 어디에 붙여놓았어요?

③ 쇼코의 첫번째 편지는 언제 왔어요?

3. 本文を韓国語で要約してみましょう。(150字程度)

応 用

1. 旅行する想像をしてみましょう。

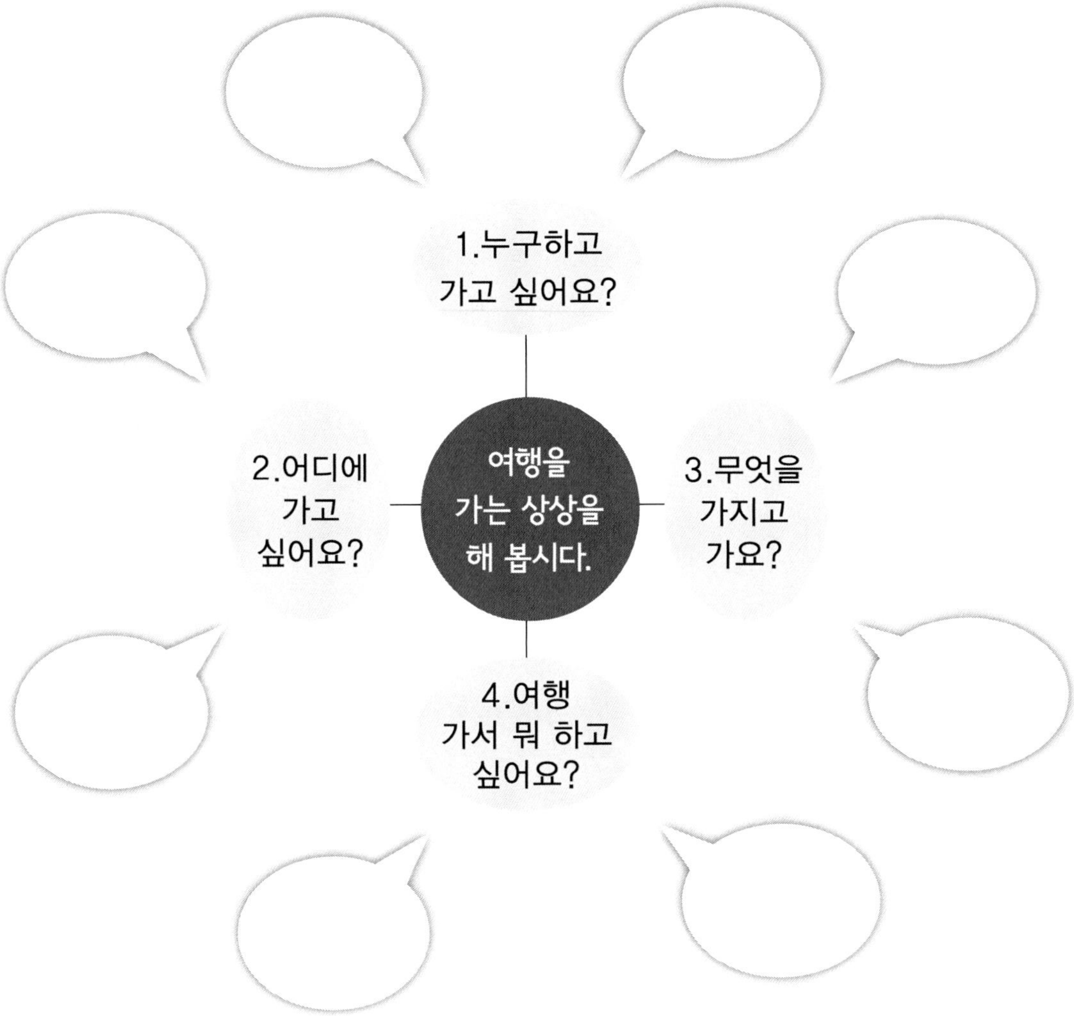

2. 上の図を参考に、旅行について韓国語で書いてみましょう。

(400字程度、付録の原稿用紙を使用)

引用文献

최은영,『쇼코의 미소』, 문학동네, 2019.

제3과 소통과 공감

03

여자 주인공이 스마트폰에다 뭔가를 속삭이더니[1] 곧바로 폰 화면을 남자 주인공에게 보여준다. 거기에는 그녀가 말한 중국어가 한글로 바꿔져 있다. 남자가 웃는다. 한국어가 서툰 여자와 중국어를 모르는 남자가 서로에 대해 조금씩 알아가는 소통 방법이다.

두 사람의 대화에서 제법 어려운 표현인데도 불구하고[2] 통번역 앱이 따로 필요없는 경우도 있다. 남자가 “방수되는 거예요.”라고 하면서 여자에게 방수밴드를 건넨다. 그리고는 조금 불안했는지 설명을 덧붙인다. “방수는 물 닿아도 물 안 들어간다는 뜻이에요.” 그러자 여자는 “간병인은 방수 용품 많이 씁니다.”라는 말로 남자를 안심시킨다. 남자가 생각하는 것처럼 ‘방수’는 조금 어려운 한국어일 수 있으나 간병인인 그녀에게는 일상용어이기 때문에 다른 설명이 따로 필요없었던 것이다. 인간의 커뮤니케이션이 언어 스킬과 더불어 다양한 비언어적인 요소들의 조화로 이루어진다는 것을 다시 한번 생각하게 해 주는 장면이다.

통번역 앱의 도움을 받거나 어려운 표현에 설명을 더하는 것, 그리고 직업 상 자주 쓰는 단어라는 것을 상대에게 알려주는 행위들에는 소통을 원활히 하려는 대화의지가 담겨 있다고 하겠다. 혹시, 서로가 같은 언어를 쓰고 있는데도 좀처럼 말이 안 통한다면,[3] 자기 생각에만 너무 몰두한 나머지 상대와의 공감을 생략해버린 건 아닌지 살펴보자.

新しい語彙

소통　疎通、コミュニケーション
-에다　~に、~に加えて、~まで、さらに
속삭이다　ささやく、ひそひそと話す
곧바로　すぐに
바꾸다　変える、替える、取り替える
서툴다　苦手だ、下手だ
제법　なかなか、結構、案外、かなり
통번역　通訳･翻訳
건네다　手渡す、渡す、声や言葉をかける
불안하다　不安だ
덧붙이다　付け加える、付け加えて言う
(덧　さらに重ねる、さらに加える)
닿다　触れる
그러자　すると、途端に
간병인　看病人、介護者
이루어지다　構成される、なされる
원활하다　円滑だ、スムーズだ、順調だ
좀처럼　なかなか、めったに、簡単には
몰두하다　没頭する、打ち込む、夢中だ
살펴보다　注意してみる、観察する

本文の翻訳

文 法

1. 動 存 形 + 더니　~たのに、~たら、~たが、~たと思ったら、するなり

:過去形と-겠-の後にもつく。

다이어트를 했더니 건강해진 것 같다.

（ダイエットをしたら元気になったようだ。）

주말에도 안 쉬고 열심히 일하더니 크게 성공했대요.

（週末も休まず一生懸命働いていると思ったら、大成功したそうです。）

날씨가 흐리더니 결국 비가 오기 시작했다.

（天気が曇っていると思ったら、結局雨が降り出した。）

2. 動 存 + 는데도 불구하고　~にもかかわらず、~のに

形 指 + (으)ㄴ데도 불구하고

:過去形と-겠-の後にもつく。ㄹ語幹はㄹが脱落する。

매일 만나는데도 불구하고 그 사람에 대해 잘 모른다.

（毎日会っているにもかかわらず、その人についてよく知らない。）

완벽하게 준비했는데도 불구하고 합격할 자신이 없다.

（完璧に準備したにもかかわらず合格する自信がない。）

여름인데도 불구하고 아침 저녁은 시원하다.

（夏にもかかわらず朝夕は涼しい。）

3. 動 存 + ㄴ/는다면

形 動詞の過去形 + 다면

指 + 라면

} ~するなら、~するというならば

:ㄹ語幹はㄹが脱落する。이다はパッチムのない体言につく際、이が省略され、라면がつく。

내가 그 사람이라면 어떻게 했을까요?

（私がその人ならどうしたでしょうか。）

시합 결과를 봤다면 만세를 불렀겠죠.

（試合結果を見たなら万歳を叫んだでしょう。）

내일 그를 만난다면 반드시 전해 주세요.

（明日彼に会うなら必ず伝えてください。）

文法ドリル

1. 次の文を日本語に訳してみましょう。

① 제가 한동안 연락을 안 한다면 많이 걱정할 거 같아요.

日訳 ________________

② 한 개 먹어 보더니 맛있다고 두 봉지 더 사갔어요.

日訳 ________________

③ 긴장했더니 아무 것도 생각이 안 났어요.

日訳 ________________

④ 라면을 두 개나 먹었는데도 불구하고 아직도 배가 고파요 .

日訳 ________________

2. 次の文を韓国語に訳してみましょう。

① 予定時間が過ぎたにもかかわらずバスが来ない。

韓訳 ________________

② 私がやっているのを見ていたが、今は1人でも上手に作る。

韓訳 ________________

③ 大切な人を失っても構わないならお金に執着しなさい。

韓訳 ________________

④ 明日来ると言ったが、予定が変わったようです。

韓訳 ________________

読解ドリル

1. 本文の内容に合う文には○を、異なる文には×を書いてみましょう。

① 두 주인공은 휴대폰을 전혀 쓸 줄 모른다. (　　)

② 남자도 중국말을 아주 유창하게 한다. (　　)

③ 원활한 대화를 위해서는 비언어적인 요소도 중요하다. (　　)

2. 次の質問に答えてみましょう。

① 여자가 남자한테서 받은 것은 뭐예요?

② 남자는 왜 방수에 대해 설명을 덧붙였어요?

③ 여자는 왜 방수용품을 많이 써요?

3. 本文を韓国語で要約してみましょう。(150字程度)

応 用

1. コミュニケーションについて考えてみましょう。

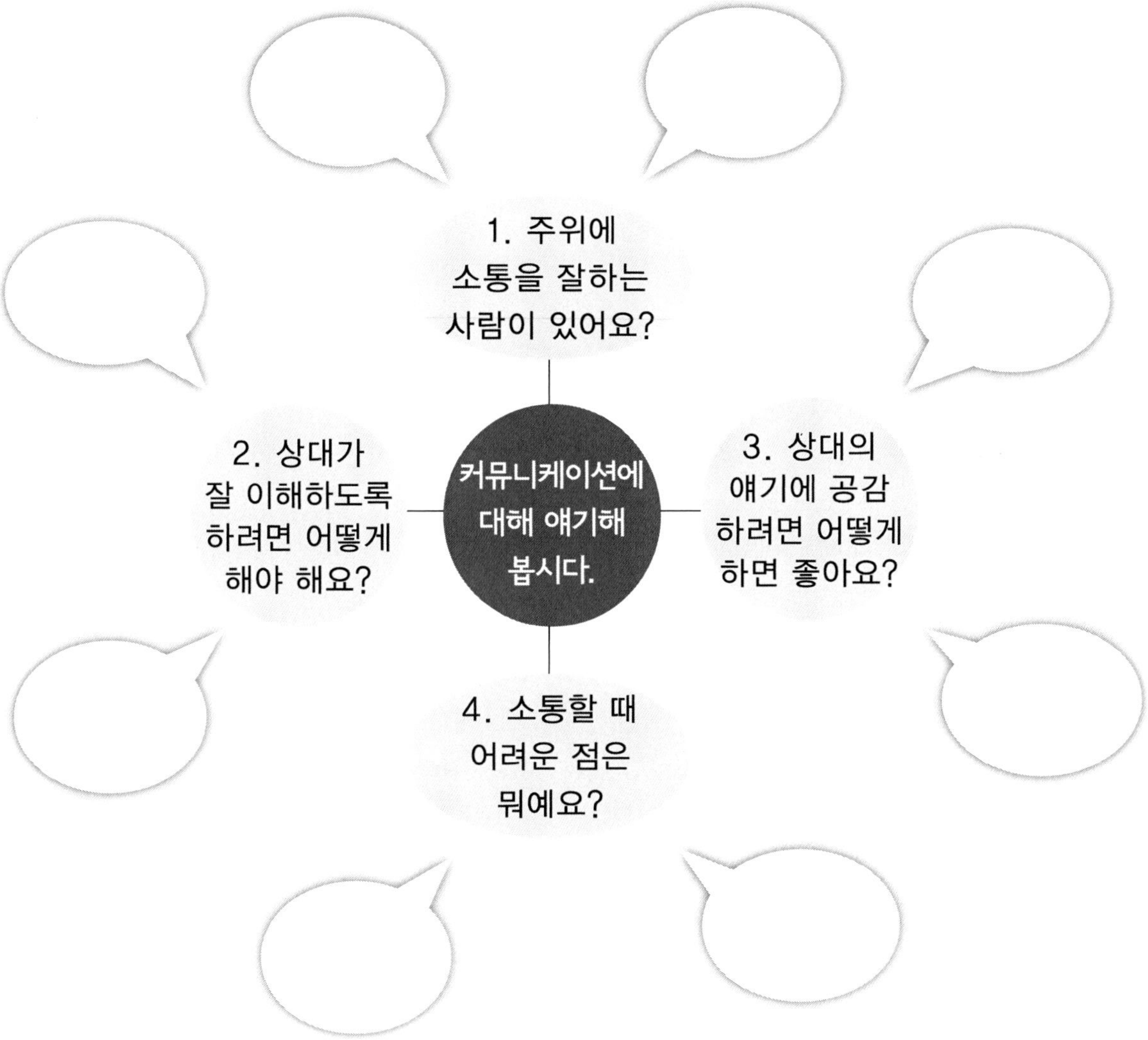

2. 上の図を参考に、コミュニケーションについて韓国語で書いてみましょう。

(400字程度、付録の原稿用紙を使用)

参考作品 映画『헤어질 결심/Decision to Leave』2022.

제4과 호기심

04

"거기, 내가 가면 안 돼요?"

채령*의 몸종으로 삼으려던[1] 안 서방 딸이 싫다고 울 때 수남*이 나서며 했던 말이다. 마름의 말도 기억났다. 거기가 어디라고. 그때의 풍경이나 정황은 희미했지만 그 말만은 뚜렷하게 생각났다. 그때 수남은 고작 일곱 살이었다. 마을도 벗어나 본 적 없는 어린 여자아이가 부모와 집을 떠나겠다고 나선 것이다.

거기, 내가 가면 안 되느냐는[2] 한마디로 수남의 인생은 바뀌었다. 무슨 생각이었던 걸까. 수남은 그 아이에게 묻고 싶었다. 배불리 먹을 수 있다는 말 때문이었을까? 가난한 가족을 위해서였을까? 공주처럼 차려입은 채령이 부러워서였을까? 저절로 굴러가는 자동차가 신기해서였을까?

수많은 질문에 마음 깊은 곳에서 일곱 살 수남이 '거기'에 대한 호기심 때문이었다고 대답했다. 강휘*가 여기까지 온 널 존경한다고 했던, 바로 '여기'에 다다를 수 있었던 것은 어린 수남이 품었던 새로운 세계에 대한 동경과 열망 덕분이었다. 어쩌면 더 거슬러 올라가 수남이 태어날 수 있었던 것 자체가 세상에 대한 호기심 때문이었는지 모른다. 큰언니가 들려준 바깥세상 이야기가 삶을 포기하려던 배 속의 수남에게 마지막 힘을 내게 했다. 그 뒤에도 수남은 늘 무엇이 있을지 모를 그곳을 꿈꾸며[3] 살아왔다.

*채령, 수남 : 女性の名前、강휘 : 男性の名前

이금이, 『거기, 내가 가면 안 돼요?』 중에서

新しい語彙

호기심　好奇心
몸종　小間使い
삼다　~にする、~と見なす
서방　(官職がない男の名字につけて呼ぶ言葉)さん
마름　小作地管理人
풍경　風景
정황　情況、状況
희미하다　かすかだ、ぼんやりしている
뚜렷하다　はっきりしている、明らかだ
고작　たかだか、せいぜい、やっと
벗어나다　離れる、ぬけ出す
한마디　一言
배불리　腹一杯に、たらふく
가난　貧乏、貧しいこと
공주　姫
차려입다　着飾る
굴러가다　転がっていく
신기하다　不思議だ、珍しい
다다르다　たどり着く、至る、到達する
품다　抱く、かかえる
동경　憧憬、あこがれ
열망　熱望
덕분　おかげ、恩恵
거슬러 올라가다　遡る
포기하다　あきらめる

本文の翻訳

文法

1. 動 存(있다) ＋(으)려던　～しようとした

：-(으)려고 하다に過去連体形の語尾-던がついた形。

ㄹ語幹には-려던がつく。

간식으로 먹으려던 과자가 없어졌다.

（間食に食べようとしたお菓子がなくなった。）

부모님 간섭에서 벗어나려던 때가 있었다.

（両親の干渉からぬけ出そうとした時があった。）

어제 사려던 가방이 팔렸어요.（昨日、買おうとしたカバンが売れました。）

2. 動 存 ＋느냐는　～するかという、～するのかという

形 指 ＋(으)냐는

：過去形と-겠-の後にもつく。ㄹ語幹はㄹが脱落する。

한국에서는 배불리 먹었느냐는 질문을 자주 받았어요.

（韓国では腹一杯食べたのかという質問をよく受けました。）

여자친구가 있느냐는 질문은 하지 마세요.

（彼女はいるのかという質問はしないでください。）

졸업하면 뭐 하고 싶냐는 얘기를 안 들었으면 좋겠다.

（卒業したら何したいかという話は言われなかったらいいな。）

3. 動 存 形 指 ＋(으)며　～で、～であり、～しながら、～て

：過去形と-겠-の後にもつく。ㄹ語幹は-며がつく。

수업을 들으며 중요한 내용은 메모를 했다.

（授業を聞きながら重要な内容はメモをした。）

동쪽으로는 산이 있으며 서쪽으로는 바다가 있다.

（東の方には山があり、西の方には海がある。）

그 사람은 의사이며 교수이다.（その人は医者であり、教授である。）

文法ドリル

1. 次の文を日本語に訳してみましょう。

① 그때의 기억은 희미하며 생각이 잘 안 난다

日訳 ______________________________

② 한국에 언제 유학 가느냐는 질문을 자주 받아요.

日訳 ______________________________

③ 어젯밤 자려던 시간에 남동생한테서 전화가 왔다

日訳 ______________________________

④ 아버지께서는 매일 아침 식사를 하시며 신문을 보신다.

日訳 ______________________________

2. 次の文を韓国語に訳してみましょう。

① あの人を知らないのかという質問をした。

韓訳 ______________________________

② 先生が教室に入ったとき、家に帰ろうとした学生は5人だった。

韓訳 ______________________________

③ その話は不思議で、面白い。

韓訳 ______________________________

④ 音楽を聴きながら掃除するのが好きだ。

韓訳 ______________________________

読解ドリル

1. 本文の内容に合う文には○を、異なる文には×を書いてみましょう。

① 채령의 몸종으로 삼으려던 사람은 안 서방 딸이 아니다. (　　)

② 거기, 내가 가면 안 되느냐는 한마디로 수남의 인생은 바뀌었다. (　　)

③ 수남이 채령의 몸종을 하게 된 이유는 호기심 때문이다. (　　)

2. 次の質問に答えてみましょう。

① 수남이 채령의 몸종으로 갔을 때 몇 살이었어요?

____

② 수남이 처음 자동차를 봤을 때 어떤 생각을 했어요?

____

③ 수남은 늘 무엇을 꿈꾸며 살아왔어요?

____

3. 本文を韓国語で要約してみましょう。(150字程度)

応　用

1. 重要な決定をする時について考えてみましょう。

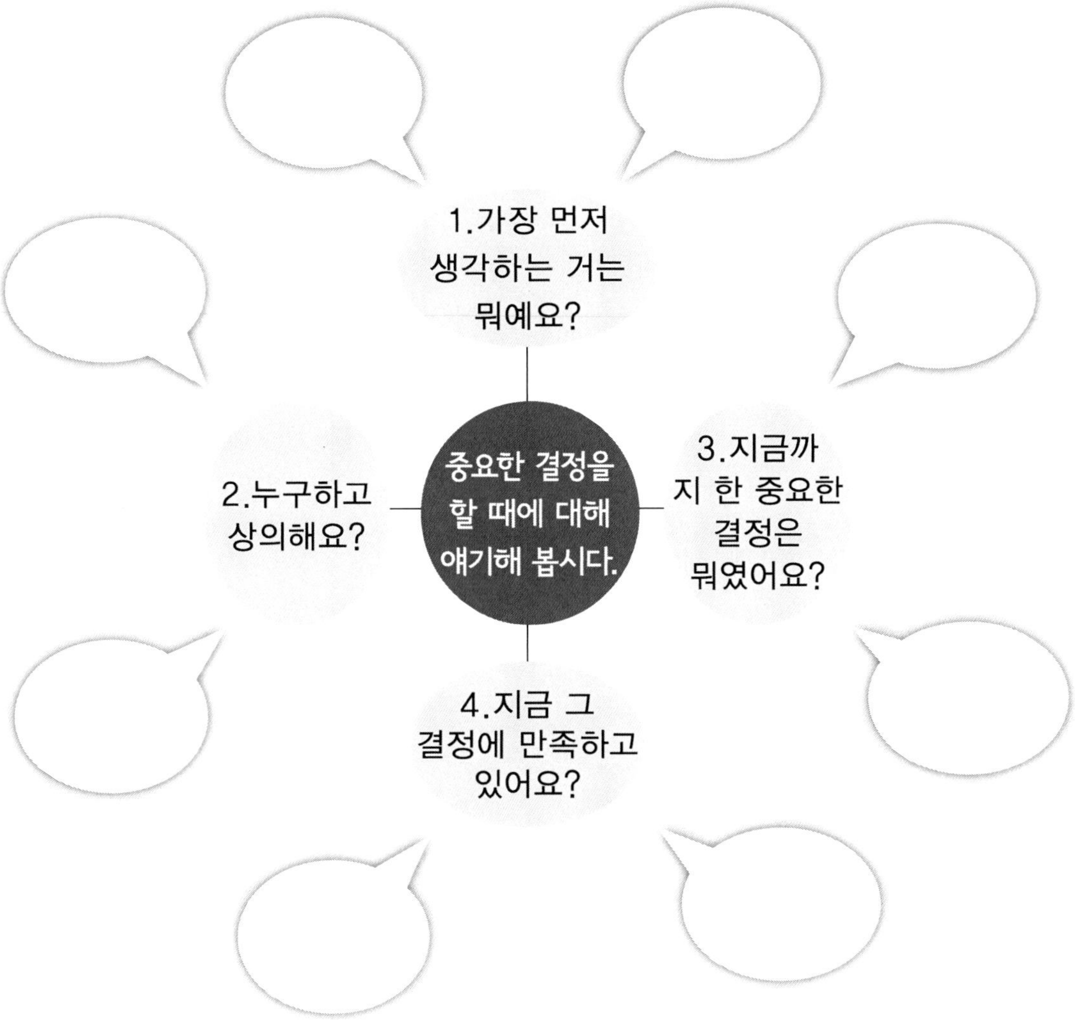

2. 上の図を参考に、重要な決定をした時のことについて韓国語で書いてみましょう。

（400字程度、付録の原稿用紙を使用）

引用文献

이금이, 『거기, 내가 가면 안 돼요?』, 사계절출판사, 2017.

제5과 n개의 디어 마이셀브즈

05

바야흐로 백세시대다. 오래 산다고 생각하니 건강 관리도 노후 준비도 걱정된다. 65세까지 일한다고 해도, 퇴직하고 나서[1] 30년 이상 살 날이 남았다. 노년의 삶을 어떻게 살아갈 지, 막연해서 상상이 잘 안 된다.

드라마에서 젊은 작가는 멋진 노년의 이야기를 책으로 만들어 보겠다고 엄마, 할머니, 그리고 동네 어르신들을 거실에 불러 모아 요즘 젊은이들이 읽고 싶어하는 실버 세대의 이야기를 해 달라고 부탁한다. 그러나 노인들은 있는 그대로의 우리 모습을 써 달라며 젊은 작가의 요청을 거부한다. “막장 드라마잖아요, 막장. 이모들이 하는 얘기는 다 막장이잖아.”라며 작가가 반론해도 “인생은 막장이야.” 라고 상대도 안 한다. 작가도 지지 않고 “나는 내 소설에 나오는 어른들이 좀 이뻤으면 좋겠어요.” “내가 왜 구질구질하게 그런 얘기를 다 써야 돼.”라고 다시 한번 호소해 보지만 “진실이니까[2]. 그게 우리 늙은이들의 삶이니까.”라고 뜻을 굽히지 않는다.

‘멀티 페르소나 (Multi-Persona)’처럼 인간이 상황과 관계에 따라 다양한 모습을 보이는 것은 노년기에도 예외가 아니다. 백년 가까운 세월 동안, 막장 같은 날도 예쁜 날도 두루두루 겪었을 것이다. 그러니, 자기가 보고 싶은 것만 보겠다고 고집하지 말고 노인들의 이야기를 있는 그대로 받아들이다 보면[3], 노년기에 대한 막연한 불안도 조금은 해소되지 않을까 싶다.

新しい語彙

바야흐로　まさに、今や、今こそ

생각하니　思うと、考えると

날　日、日々

삶　暮らし、人生、生活、生き方

막연하다　漠然としている、見通しが立たない

젊은이　若者

-고 싶어하다　～したがる

달라다　달라고 하다の縮約形。くれという、ちょうだいという

있는 그대로　ありのままに、あるがままに

거부하다　拒否する、拒む

막장　どん詰まり、とんでもない状況

반론하다　反論する

상대하다　相手にする

구질구질하다　ぐずぐずする、だらしのない

호소하다　訴える、呼びかける

늙은이　年寄り

굽히다　曲げる、屈する

두루두루　まんべんなく、いろいろと

겪다　経験する

고집하다　固執する、こだわる

해소되다　解消される

本文の翻訳

文法

1. 動 + 고 나다　~する、~し終わる

：-고 나서は~してからの意味になる。

밥을 먹고 나서 단 것이 먹고 싶어서 케이크도 한 조각 먹었다.

(ご飯を食べ終わってから甘いものが食べたくてケーキも1切れ食べた。)

작년에 졸업하고 나서는 한 번도 못 만났어요.

(昨年卒業してからは一度も会えませんでした。)

시험이 끝나고 나서 졸업 여행으로 세계 일주를 하게 됐어요.

(試験が終わって卒業旅行で世界一周することになりました。)

2. 動 存 形 指 + (으) 니까　~ので、~するから、~てみると

：過去形と-겠-の後にもつく。이다はパッチムのない体言につく際이が省略され、-니까がつく。ㄹ語幹はㄹが脱落する。

이번에는 대형 프로젝트니까 준비하는데 시간이 걸릴 거예요.

(今回は大型プロジェクトなので、準備するのに時間がかかると思います。)

그 이야기를 들으니까 어제 본 영화가 생각난다.

(その話を聞くと昨日見た映画が思い出される。)

취직하니까 학생 때처럼 긴 방학이 없어서 아쉬워요.

(就職したら学生の時のように長い休みがなくて残念です。)

3. 動 存 + -다(가) 보면　~していくうちに、~していれば、~してみると

처음엔 어렵겠지만 계속하다(가) 보면 익숙해질 거예요.

(最初は難しいでしょうが、続けていれば慣れてくるでしょう。)

한국 드라마를 보다(가) 보면 하루가 금방 가요.

(韓国ドラマを見ていると1日があっという間に過ぎていきます。)

한참을 걷다(가) 보면 생각이 좀 정리되겠죠?

(しばらく歩いていると、考えが少し整理されるでしょう。)

文法ドリル

1. 次の文を日本語に訳してみましょう。

① 한국에 오고 나서 한국말이 상당히 늘었다.

日訳 ______________________________

② 살다(가) 보면 기쁜 날도 슬픈 날도 있어요.

日訳 ______________________________

③ 방이 지저분하니까 같이 치워요.

日訳 ______________________________

④ 오후에 비가 온다고 하니까 우산을 가져 가세요.

日訳 ______________________________

2. 次の文を韓国語に訳してみましょう。

① 風邪薬をのんでからすぐ寝ました。

韓訳 ______________________________

② 前もって電話してから遊びに行きました。

韓訳 ______________________________

③ 出張日と重なるから会議は別の日にしましょう。

韓訳 ______________________________

④ ひたすら練習していれば、この動作も上手になるでしょう。

韓訳 ______________________________

読解ドリル

1. 本文の内容に合う文には○を、異なる文には×を書いてみましょう。

① 작가는 노인들에게 막장 같은 이야기를 들려달라고 했다. ( )

② 노인들은 있는 그대로의 이야기를 하고 싶어 한다. ( )

③ 작가와 노인들은 그날 유명한 가게에 모여 이야기를 했다. ( )

2. 次の質問に答えてみましょう。

① 거실에 모인 노인들은 누구예요?

____

② 작가는 노인들을 만나서 무엇을 하려고 해요?

____

③ 노인들은 왜 있는 그대로의 이야기를 하고 싶어 해요?

____

3. **本文を韓国語で要約してみましょう。**(150字程度)

応 用

1. 多様性について考えてみましょう。

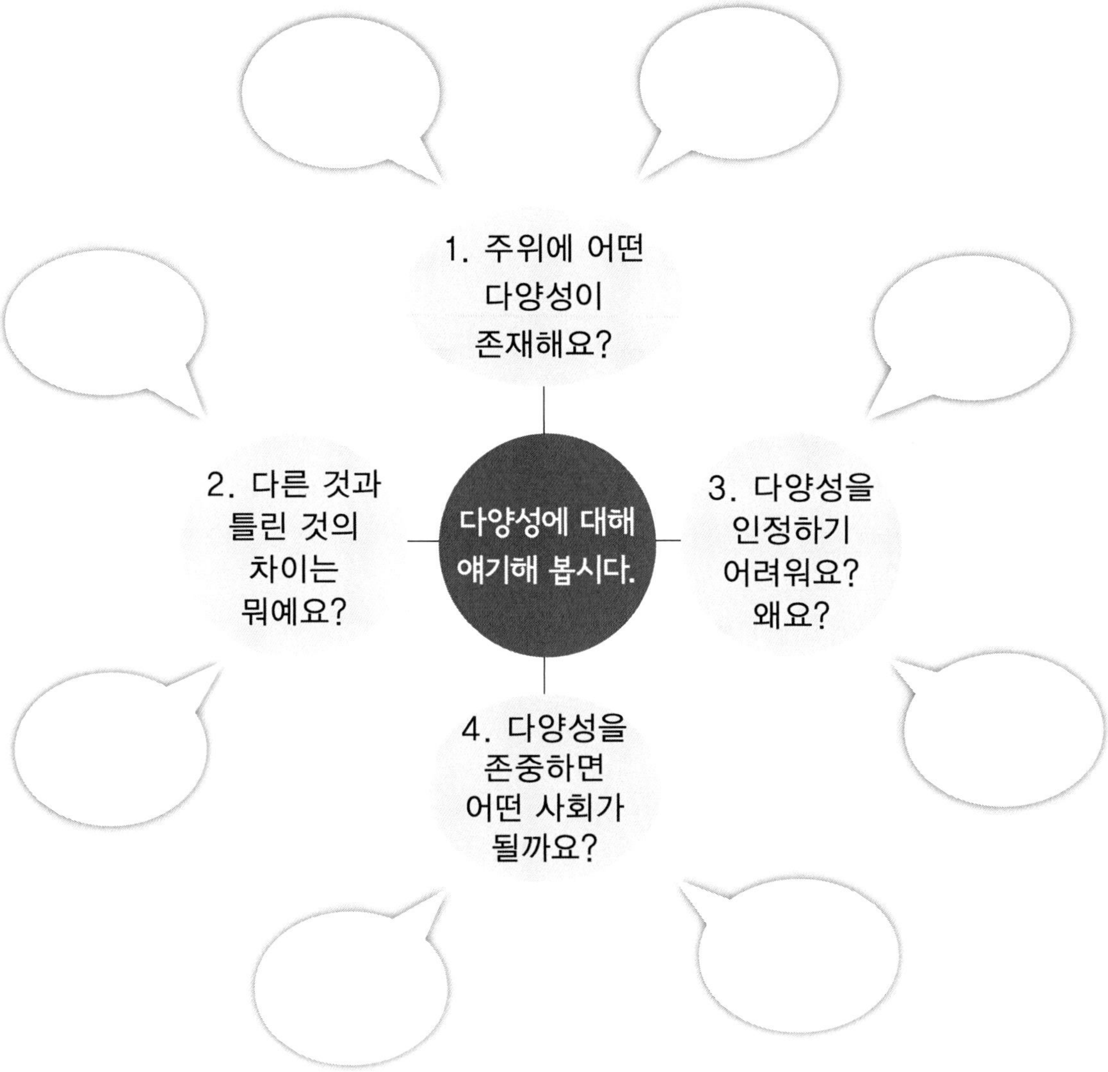

2. 上の図を参考に、日常生活における多様性について韓国語で書いてみましょう。

(400字程度、付録の原稿用紙を使用)

参考作品 ドラマ『디어 마이 프렌즈/Dear My Friends』tvN 2016.

제6과 놀라운 신세계

06

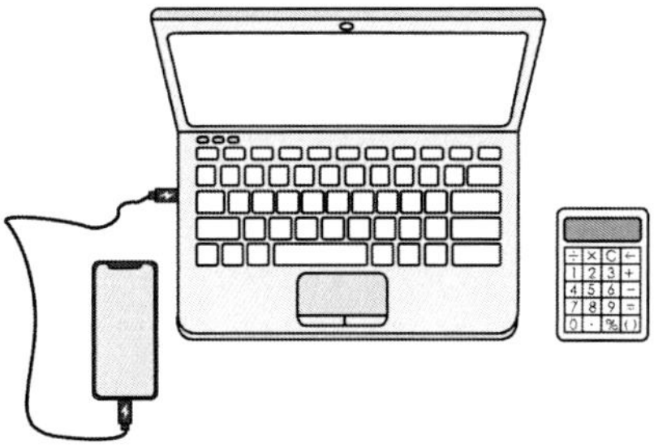

윤경*이 말하는 동안에도 기자들은 스마트폰을 손에서 놓지 않았다. 고독을 다시 발견하기 위해서 그들은 지금 당장 인터넷을 검색할 기세였다. 하긴…… 회의를 끝내고 자기 자리로 돌아가면서 윤경은 생각했다. 자신이 고립된 사람이 아니라는[1] 사실을 스스로 증명해야만 하는 이런 사회에서 스마트폰이란 얼마나 요긴한 도구인가? 스마트폰 덕분에 우리는 고립에서 벗어나 24시간 누구에게든 연결될 수 있다. 스마트폰을 들고 검지를 왼쪽에서 오른쪽으로 몇 센티미터만 움직여도 놀라운 신세계가 눈앞에서 펼쳐진다.

지금 누가 어느 맛집에서 어떤 음식을 먹는지[2], 막 무슨 소설을 읽었으며 별점은 몇 개인지, 여행지에서 자신이 맞닥뜨린 놀라운 풍경은 무엇이었는지 실시간으로 알 수 있는 그 신세계에 고독을 위한 자리는 없다. 홍합돌솥밥 따위를 찍어서 친구들을 위해 트위터에 올릴 때, 우리는 무의식적으로 이렇게 말하는 셈이다. 나는 혼자가 아닙니다. 당신들과 나는 이 사진으로 연결됩니다. 연결되므로[3] 나는 무해합니다. 그러므로 '우리'는 친구입니다. 친분으로 연결되는 이 세계는, 그러므로 투명하다. 각자는 '우리'로 연결된다. '우리'는 기억도 공유하며, 판단도 함께 내린다. '우리'는 고립되지 않는다. '우리'는 절대로 자살하지도 않는다.

*윤경 : 女性の名前

김연수, 『파도가 바다의 일이라면』중에서

新しい語彙

놀랍다　驚くべきだ、驚くほどすばらしい
고독　孤独
기세　勢い、意気込み
고립　孤立
스스로　自ら、自分で
증명　証明
요긴하다　緊要だ、重要だ
−든　(−든지の縮約形)、−でも
검지　人差し指
움직이다　動かす、動く
펼쳐지다　広がる
맛집　おいしい店、人気店
막　たった今、まさに、ちょうど

별점　(評価の)星マーク
맞닥뜨리다　出会う、ぶつかる
실시간　リアルタイム
홍합돌솥밥　ムール貝の石焼釜飯
따위　−みたいなもの、−のようなやつ
셈　わけ、つもり
무해　無害
친분　親交、親密な間柄
투명　透明
각자　各自、おのおの
내리다　下す、下げる、降りる、降る
절대로　絶対に
자살　自殺

本文の翻訳

文法

1. [指] + 라는　~だという

：-라고 하는の縮約形。이다はパッチムのない体言につく際이が省略され、라는がつく。란と縮約される場合もある。

고등학교 친구라는 사람한테서 전화가 왔어요.

(高校の友だちだという人から電話が来ました。)

그 사람이 범인이 아니라는 말을 들었다.

(その人が犯人ではないという話をきいた。)

그 분은 제가 학생이라는 것을 모르세요.

(その方は私が学生であるということをご存知ありません。)

2. [動] [存] + 는지　~するのか

[形] [指] + (으)ㄴ지

：過去形と-겠-の後にもつく。ㄹ語幹はㄹが脱落する。

나는 그 사람이 누구인지 알고 있어요.

(私はその人が誰なのか知っている。)

무슨 문제가 있는지 모르겠다. (何の問題があるのかわからない。)

언니가 나갔는지 구두가 없어요. (姉が出かけたのか靴がありません。)

3. [動] [存] [形] [指] + (으)므로　~するので、~(な)ので

：過去形と-겠の後にもつく。ㄹ語幹には-므로がつく。

열심히 공부했으므로 꼭 합격할 것이다.

(懸命に勉強したので、必ず合格するだろう。)

그 소설은 읽지 않았으므로 잘 모른다.

(その小説は読んでないのでよくわからない。)

우수한 학생이므로 상장을 드립니다.

(優秀な学生なので賞状を授与します。)

文法ドリル

1. 次の文を日本語に訳してみましょう。

① 상상이라는 것은 재미있고 신기하다.

日訳 ____________________

② 이 문제의 답을 아는지 모르는지 궁금해요.

日訳 ____________________

③ 세상이 변하고 있으므로 우리도 변해야 한다.

日訳 ____________________

④ 지난주에 산 옷이 맞는지 어떤지 알려 주세요.

日訳 ____________________

2. 次の文を韓国語に訳してみましょう。

① 人間は動物なので、食べなければならない。

韓訳 ____________________

② 君が今何を言っているのかわかっているの。

韓訳 ____________________

③ 先生が日本人ではないという事実にびっくりした。

韓訳 ____________________

④ 学生たちがうまくやっているのか見に行きますね。

韓訳 ____________________

読解ドリル

1. 本文の内容に合う文には〇を、異なる文には×を書いてみましょう。

① 스마트폰을 하고 있으면 고독하다. (　　)

② 현대 사회에서는 스마트폰은 요긴한 도구가 아니다. (　　)

③ 기자들은 윤경이 말하는 동안 인터넷을 검색할 기세였다. (　　)

2. 次の質問に答えてみましょう。

① 어떻게 하면 스마트폰에 신세계가 펼쳐져요?

② SNS 에 사진을 올리면서 우리가 무의식적으로 말하는 것은 뭐예요?

③ SNS 의 친분으로 연결된 이 세계는 어떤 세계예요?

3. 本文を韓国語で要約してみてください。(150字程度)

応 用

1. SNS の習慣について考えてみましょう。

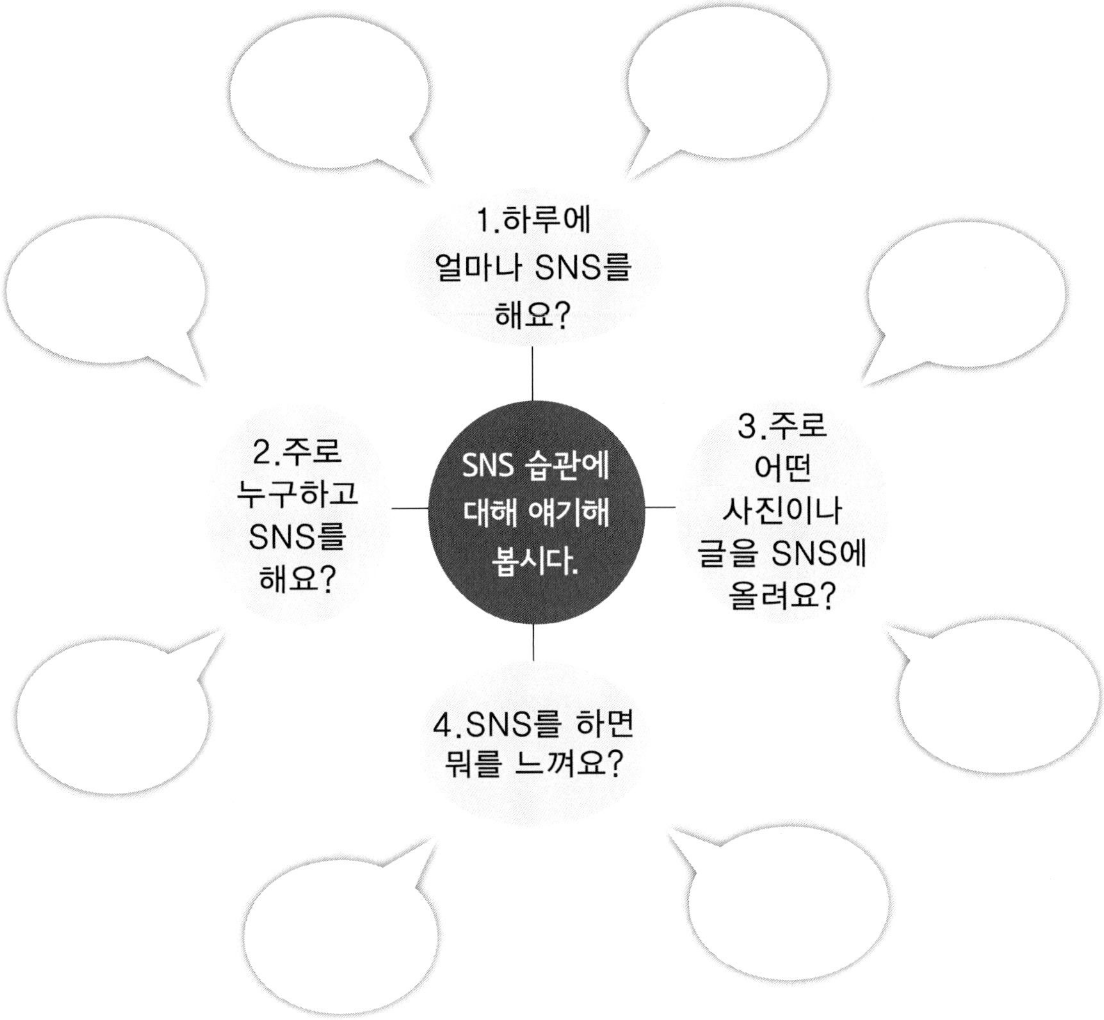

2. 上の図を参考に、SNS の習慣について韓国語で書いてみましょう。

(400 字程度、付録の原稿用紙を使用)

引用文献 김연수,『파도가 바다의 일이라면』, 문학동네, 2015.

제7과 대인관계

07

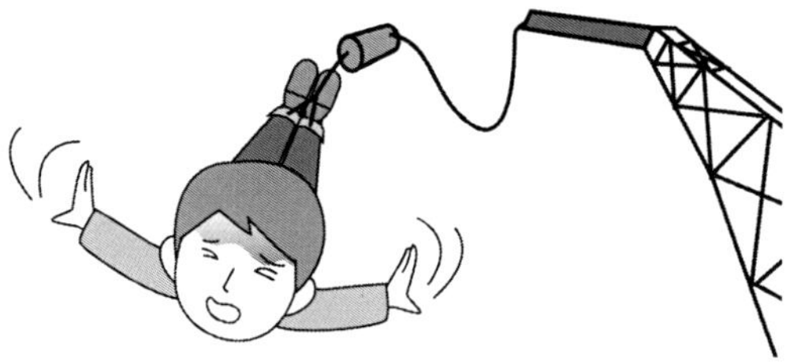

1인 가구가 급증하고 있다. '혼밥' '혼술' '혼놀'과 같이 일상을 혼자 즐기는 사람도 늘고 있다. 혼자 살아도 불편하지 않은 시대이기는 하나, 그렇다고 해서[1] 다른 사람과 함께 하는 활동이 전부 무의미해졌을 리가 없다[2]. 다만, 대인관계로 인한 피로감을 최소한으로 줄이고 싶다는 생각에는 많은 사람들이 동의할 것 같다.

드라마 『나의 해방일지』에는 대인관계에 대한 현대인들의 갈망과 피로감이 잘 그려져 있다. 주인공이 다니는 회사에서는 직원들의 동호회 활동을 적극 장려하고 있다. 동호회 참가를 권유하는 담당자에게 "지쳤어요. 어디서부터 어떻게 잘못된 건지 모르겠는데, 그냥 지쳤어요. 모든 관계가 노동이에요."라고 호소하지만 전혀 통하지 않는다. 담당자의 계속되는 권유 공세에 견디다 못한 그녀는 "우리, 진짜로 하는 건 어때요? 해방클럽. 전 해방이 하고 싶어요. 해방되고 싶어요. 어디에 갇혔는지는 모르겠는데, 꼭 갇힌 것 같아요."라고 하면서 같은 처지의 동료 직원들에게 말한다. 맘에 들지 않는 모임에 억지로 참여하느니[3], 차라리 새로운 동호회를 만들자는 제안이다.

의도했던 방향과 다르지만 회사로서는 직원 간의 교류를 활성화시키려는 목적은 달성한 셈이다. 주인공도 동호회 창설이라는 생각지도 못한 방법으로 대인관계 피로에서 '해방'되는 걸음을 시작한다.

新しい語彙

가구　世帯
급증하다　急増する
불편하다　ここち悪い、不自由だ、不便だ
무의미하다　無意味だ、無駄だ、役に立たない
인하다　因る、原因による、基づく
최소한　最小限、最低限
줄이다　減らす
동의하다　同意する
장려하다　奨励する
잘못되다　間違う、誤る
공세　攻め、攻勢、アタック
견디다　耐える、我慢する、やり切れる
해방하다　解き放つ、解放する
갇히다　閉じこめられる
처지　立場、状態、境遇
참여하다　参加する
의도하다　意図する
시키다　させる
달성하다　達成する、成し遂げる
생각(하)지도 못하다　思いもよらない
시작하다　始める、立ち上げる

本文の翻訳

文 法

1. 動 存 形 指 ＋ 고 해서　～したりして、ので

：過去形の後にもつく。

다음날 시합도 있고 해서 빨리 잤어요.

（次の日試合もあったので、早くやすみました。）

월급도 오르고 해서 기뻤어요.

（給料も上がったりして、うれしかったです。）

춥고 배도 고프고 해서 힘들었어요.

（寒くておなかもすいたりして、大変でした。）

2. 動 存 形 指 ＋ -(으)ㄹ 리가 없다　～はずがない、～わけがない

：過去形の後にもつく。ㄹ語幹はㄹが脱落する。

그 친구가 그런 말을 할 리가 없어요.

（その友達がそんなことを言うはずがありません。）

회사원인데 이 시간에 집에 있을 리가 없죠.

（会社員なのにこの時間に家にいるはずがないでしょう。）

잊을 리가 있겠어요? 저한테 얼마나 중요한 일인데요.

（忘れるはずがないでしょう。私に本当に大事なことなのに。）

3. 動 存 ＋ -느니 (차라리)　～するより(むしろ)

：ㄹ語幹はㄹが脱落する。

여기서 계속 기다리느니 다시 한번 전화를 해보면 어때요?

（ここでずっと待つよりもう一度電話をしてみたらどうですか。）

작은 거 두 개 사느니 큰 거 하나 사는 게 낫겠어요.

（小さいのを２つ買うより大きいのを１つ買ったほうがよさそうです。）

아파트에 사느니 차라리 트레일러 하우스에 살면 어때요?

（アパートに住むよりむしろトレーラーハウスに住んだらどうですか。）

文法ドリル

1. 次の文を日本語に訳してみましょう。

① 그럴 리가 없어요. 메일을 보내고 나서 확인까지 했는데요.

日訳 ____________________

② 이런 저런 핑계를 듣고 있느니 차라리 제가 하겠습니다.

日訳 ____________________

③ 취직도 하고 해서 조금 비싼 선물을 샀다.

日訳 ____________________

④ 회의에 나가서 가만히 있느니 차라리 결석하는 것이 좋겠어요.

日訳 ____________________

2. 次の文を韓国語に訳してみましょう。

① 連休には人が混んでいる所に行くよりはむしろ家で休みます。

韓訳 ____________________

② 小言を我慢するよりむしろやめます。

韓訳 ____________________

③ 試験が終わったので、アルバイトを始めた。

韓訳 ____________________

④ いつも遅刻するのに、早く来るはずがありません。

韓訳 ____________________

読解ドリル

1.本文の内容に合う文には○を、異なる文には×を書いてみましょう。

① 주인공은 동호회에 꼭 참여하고 싶었다. (　　)

② 회사는 동호회 활동을 적극적으로 권유한다. (　　)

③ ‘해방클럽’ 은 회사에서 가장 큰 동호회이다. (　　)

2. 次の質問に答えてください。

① 누가 ‘해방클럽’ 을 만들자고 했어요?

② 주인공은 왜 동호회에 참여하지 않는다고 했어요?

③ 혼자 즐기는 활동에는 어떤 것들이 있어요?

3. 本文を韓国語で要約してみましょう。(150字程度)

応　用

1. 趣味活動について考えてみましょう。

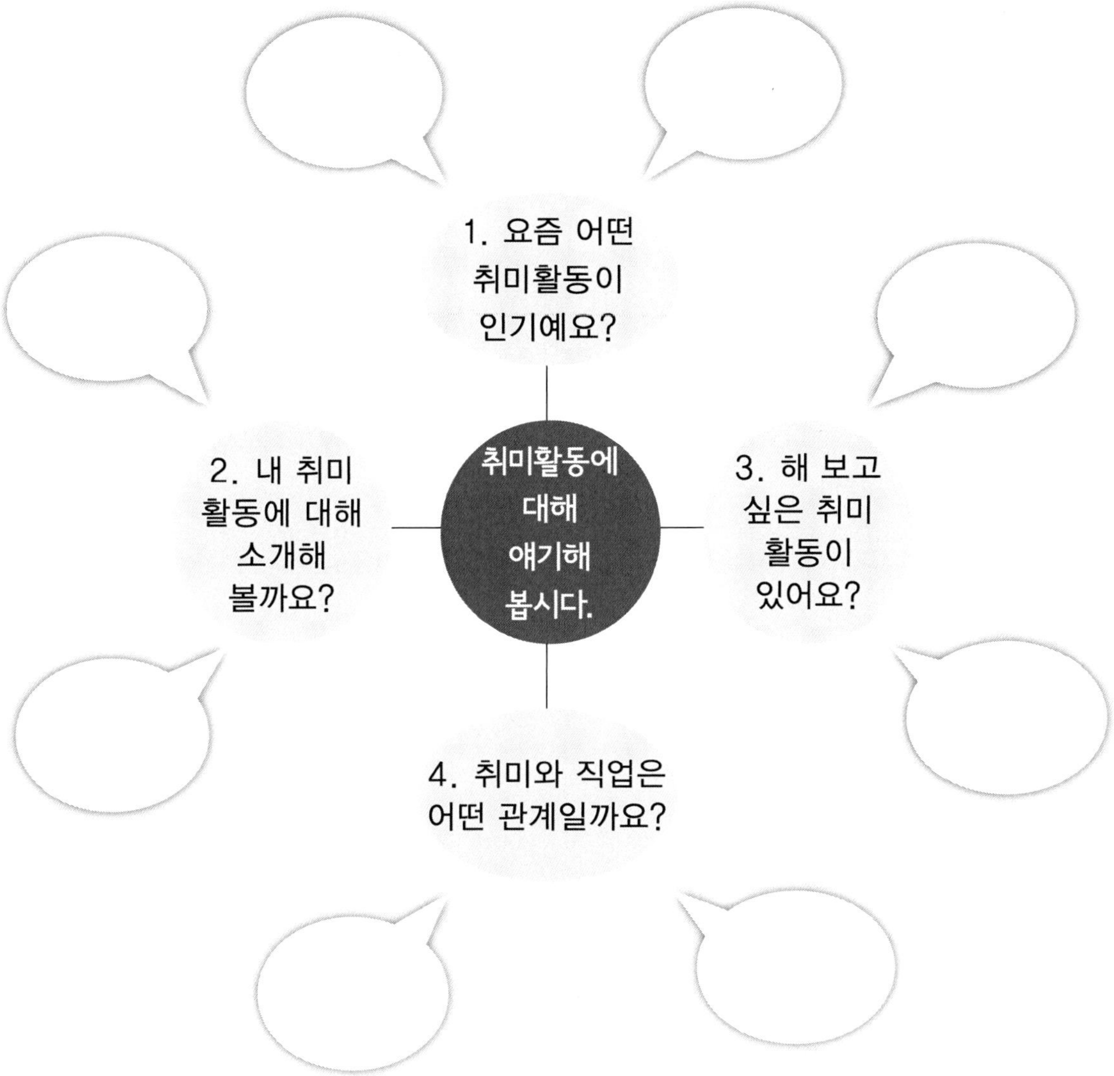

2. 上の図を参考に、趣味活動について韓国語で書いてみましょう。

（400字程度、付録の原稿用紙を使用）

参考作品 ドラマ『나의 해방일지』JTBC、2022.

제8과 소소한 발견

08

그녀는 네 살에 스스로 한글을 깨쳤다. 아직 자모음에 대한 인식 없이 모든 글자들을 통문자로 외운 것이었다. 학교에 들어간 오빠가 담임선생을 흉내내어 한글의 구조를 설명해준 것은 그녀가 여섯 살이 되던 해였다. 설명을 들은 순간엔 그저 막연한 느낌뿐이었는데, 그 이른 봄의 오후 내내 그녀는 자음과 모음에 대한 생각을 떨치지 못하고 마당에 쪼그려앉아 있었다. 그러다 '나'를 발음할 때의 ㄴ과 '니'를 발음할 때의 ㄴ이 미묘하게 다른 소리를 낸다는[1] 것을 발견했고, 뒤이어 '사'와 '시'의 ㅅ 역시 서로 다른 소리라는 것을 깨달았다. 조합할 수 있는 모든 이중모음을 머릿속에서 만들어보다가[2], 'ㅣ'와 'ㅡ'의 순으로 결합된 이중모음만은 모국어에 존재하지 않으며, 따라서 그것을 적을 방법도 없다는 것을 알았다.

그 소소한 발견들이 그녀에게 얼마나 생생한 흥분과 충격을 주었던지[3], 이십여 년 뒤 최초의 강렬한 기억을 묻는 심리치료사의 질문에 그녀가 떠올린 것은 바로 그 마당에 내리쬐던 햇빛이었다. 볕을 받아 따뜻해진 등과 목덜미. 작대기로 흙바닥에 적어간 문자들. 거기 아슬아슬하게 결합돼 있던 음운들의 경이로운 약속.

한강, 『희랍어 시간』중에서

新しい語彙

소소하다　些細だ、粗末だ
깨치다　習得する、理解する
통-　(接頭辞)丸ごと、1つのかたまり
흉내내다　真似する
그저　ただ
이르다　早い
내내　ずっと、~中
떨치다　振り切る、振り落とす
마당　庭
쪼그리다　しゃがみ込む、うずくまる
미묘하다　微妙だ、デリケートだ
뒤잇다　続く
조합　組み合わせ
따라서　したがって、それで、だから
생생하다　生き生きとしている、鮮明だ
심리치료사　セラピスト
강렬하다　強烈だ
내리쬐다　降り注ぐ、照りつける
볕　陽射し (=햇빛)
목덜미　首筋、襟首、うなじ
작대기　木の棒
흙바닥　地面、地べた
아슬아슬　危なっかしい、はらはら
음운　音韻
경이롭다　驚異的だ
희랍어　ギリシャ語

本文の翻訳

文 法

1. 動 + ㄴ/는다는　～するという

形 存 + 다는

：-는다고 하는の縮約形。ㄹ語幹はㄹが脱落する。

세 살 적 버릇이 여든까지 간다는 말이 있다.

（原意：3歳の癖が80歳までいくという言葉がある。）

（諺：三つ子の魂百までという言葉がある。）

학교가 가깝다는 말은 사실이었다.（学校が近いということは事実だった。）

아무도 그를 모른다는 것은 유감이다.

（誰も彼を知らないということは残念だ。）

2. 動 存 形 + 다(가)　～して、～しかけて、～する途中で、

：過去形の後にもつく。　～しながら、～していたが

친구하고 점심을 먹다(가) 과장님 전화를 받았다.

（友だちとお昼を食べている途中、課長の電話をもらった。）

그 사람이 오니까 분위기가 좋았다(가) 갑자기 나빠졌다.

（その人が来ると雰囲気がよかったが、急に悪くなった。）

여기 있다가 갑자기 사라졌다.（ここにいたが急にいなくなった。）

3. 動 存 形 指 + 던지　～したのか

：過去形と-겠-の後にもつく。

형이 얼마나 열심히 공부하던지 깜짝 놀랐어요.

（兄がどんなに一所懸命に勉強しているのかびっくりしました。）

그 뉴스를 봤을 때 얼마나 마음이 아팠던지 기억이 생생해요.

（そのニュースを見たとき、どれだけ心が痛んだのか記憶が鮮明です。）

얼마나 잘 놀고 있던지 안심했어.（いかによく遊んでいたか安心した。）

文法ドリル

1. 次の文を日本語に訳してみましょう。

① 메모를 적다가 잠시 생각에 빠졌다.

日訳 ____________________

② 친구는 소소한 고민을 한다는 것은 평온하기 때문이라고 말했다.

日訳 ____________________

③ 어젯밤 얼마나 춥던지 잠을 못 잤어요.

日訳 ____________________

④ 어렸을 때부터 좋은 습관을 가져야 한다는 말이 있다.

日訳 ____________________

2. 次の文を韓国語に訳してみましょう。

① その仕事が大変であるということはみんな知っている。

韓訳 ____________________

② その絵がどれほど美しかったのか、何も言えなかったです。

韓訳 ____________________

③ 姉はしゃがみ込んでいたが、突然立ち上がった。

韓訳 ____________________

④ 歩いている途中に急に思い出した。

韓訳 ____________________

読解ドリル

1. 本文の内容に合う文には○を、異なる文には×を書いてみましょう。

① 한글의 구조를 설명해 준 사람은 오빠의 담임선생이었다. (　　)

② '나' 와 '니' 의 'ㄴ' 는 다른 소리이다. (　　)

③ 한국어에는 'ㅣ'와 'ㅡ'의 순으로 결합된 이중모음이 존재한다. (　　)

2. 次の質問に答えてください。

① 자음과 모음에 대한 생각을 떨치지 못했던 계절은 언제였어요?

② 그녀는 몇 살에 한글을 깨쳤어요?

③ 심리치료사는 그녀에게 어떤 질문을 했어요?

3. 本文を韓国語で要約してみましょう。(150字程度)

応 用

1. 言語習慣について考えてみましょう。

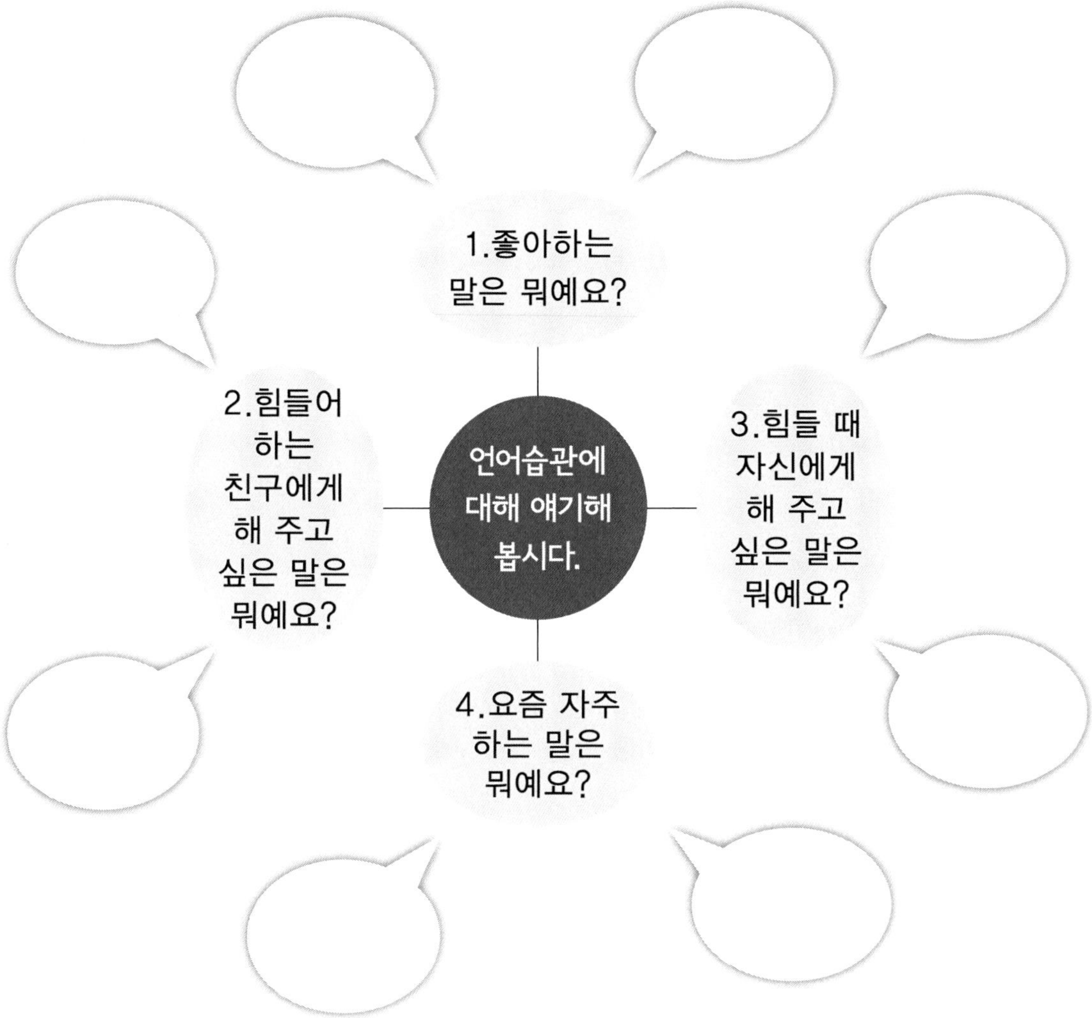

2. 上の図を参考に、自分の言語習慣について韓国語で書いてみましょう。

(400 字程度、付録の原稿用紙を使用)

引用文献

한강,『희랍어 시간』, 문학동네, 2011.

제9과 누군가의 시선으로 바라보기

09

뭔가를 결정하거나 받아들이고자 할 때 전통이나 관습과 같은 공동체의 규범에 기대면 편하다. 다들 그렇게 한다고 생각하면 안심이 된다. 힘들게 고민할 일도 없고 다른 사람을 설득해야 하는 번거로움도 덜 수 있을 것이다. 일단은 모두에게 편한 선택인 것은 틀림없다. 그런데 많은 사람들한테 공유되고 있는 기준에 의해 누군가의 행위나 존재 가치가 일방적으로 부정당한다면 이야기가 달라진다[1]. 자신이 납득하기[2] 힘든 상황을 모른 척하거나 계속 참고 지내다 보면, 인내심의 한계를 넘어 수습할 수 없을 정도로 일이 커지기도 한다.

영화 『82년생 김지영』에서 김지영은 육아와 직장생활을 다 잘할 수 있을 거라는 막연한 다짐과 기대가 좌절됐을 때 “다 제 잘못이에요.”라고 반성한다. 금방이라도 터질 것 같은 풍선처럼 불안한 현실을 애써 외면하고 조금 더 견딘다. 그래도 답이 안 나오자 “왜 저만 엉망일까요?”라며 무너져 버린다[3]. 본인은 물론 가족이나 회사, 그리고 사회가 방관해 버린 부조리는 ‘모두가 알지만 아무도 몰랐던’ 누군가의 고통이었다. 일이 터지고 나서 후회하며 목소리를 내 보지만 지난 시간을 되돌릴 수는 없다. ‘다 안다고 생각’하고 있는 ‘당신과 나의 이야기’도 다른 누군가의 시선으로 다시 한번 들여다보면 생각하지도 못한 문제점이나 의외로 쉬운 해법을 발견할 수 있을 지도 모른다.

新しい語彙

뭔가　何か、何かが
기대다　寄りかかる、あてにする、頼る、
설득하다　説得する
번거로움　煩わしさ、複雑さ、手間
틀림없다　間違いない、相違ない
공유되다　共有される
당하다　される、(被害を)こうむる
납득하다　納得する
척　ふり
인내심　忍耐心、我慢
수습하다　収拾する、後始末する
다짐　決意、誓い、確約
좌절　挫折、落ち込み
잘못　過ち
금방이라도　今にでも、今にも
엉망이다　めちゃくちゃだ、台無しだ
무너지다　崩れる、倒れる
방관하다　傍観する、手をこまねく
터지다　突然起こる、どっと出る
들여다보다　覗き見る、覗く、調べる
의외로　意外に、意外と、思ったより
해법　解決策、問題の解き方

本文の翻訳

文法

1. 動 存(없다) 形 ＋(아/어)지다　～くなる、～になる、～られる

날씨가 제법 선선해졌어요.

（天気がだいぶ涼しくなりました。）

그들과도 꽤 친해졌어요.

（彼らともかなり親しくなりました。）

내게도 발언할 수 있는 기회가 주어졌어요.

（私にも発言できる機会が与えられました。）

2. 動 存 形 指 ＋기　～すること、～(な)こと

：過去形の後にもつく。

당장은 해결하기 힘든 문제라고 생각해요.

（すぐには解決しにくい問題だと思います。）

죄송하지만, 그 의견에는 찬성하기 어려워요.

（申し訳ありませんが、その意見には賛成しかねます。）

좀처럼 찾기 힘든 곳에 증거를 감춰 두었어요.

（なかなか見つけにくいところに証拠を隠しておきました。）

3. 動 ＋ -(아/어) 버리다　～してしまう

제가 다 먹어 버렸어요.

（私が全部食べてしまいました。）

핸드폰을 잃어 버린 것 같아요.

（携帯電話をなくしてしまったようです。）

이미 말해 버렸는데, 어떡하죠?

（もう言ってしまったのですが、どうしましょう。）

文法ドリル

1. 次の文を日本語に訳してみましょう。

① 햄버거가 너무 커서 한입에 먹기 힘들 때는 이렇게 해 보세요.

日訳 ________________________________

② 이렇게 하면 더 예뻐질 것 같은데요.

日訳 ________________________________

③ 어떡하죠? 아직 다 못 썼는데 메일을 보내 버렸어요.

日訳 ________________________________

④ 조금만 참아 보세요. 만약에 견디기 힘들면 알려 주세요.

日訳 ________________________________

2. 次の文を韓国語に訳してみましょう。

① バスの中が急に静かになりました。

韓訳 ________________________________

② どうしましたか。言いにくいことですか。

韓訳 ________________________________

③ どうすれば今よりよくなるでしょうか。

韓訳 ________________________________

④ アイスクリームが全部溶けてしまいました。どうしましょう。

韓訳 ________________________________

読解ドリル

1. 本文の内容に合う文には○を、異なる文には×を書いてみましょう。

① 공동체의 규범을 다시 검토할 필요는 없다. (　　)

② 전통이라는 기준 때문에 좌절하는 사람도 있다. (　　)

③ 이미 일어난 일은 좀처럼 되돌리기 어렵다. (　　)

2. 次の質問に答えてみましょう。

① 새로운 생각을 제시하기 어려운 이유는 뭐예요?

② 주인공은 무엇을 잘 할 수 있다고 생각했어요?

③ 생각하지도 못한 문젯점이나 해법을 발견하기 위해서는 어떻게 하면 좋아요?

3. 本文を韓国語で要約してみましょう。(150字程度)

応 用

1. 伝統や慣習について考えてみましょう。

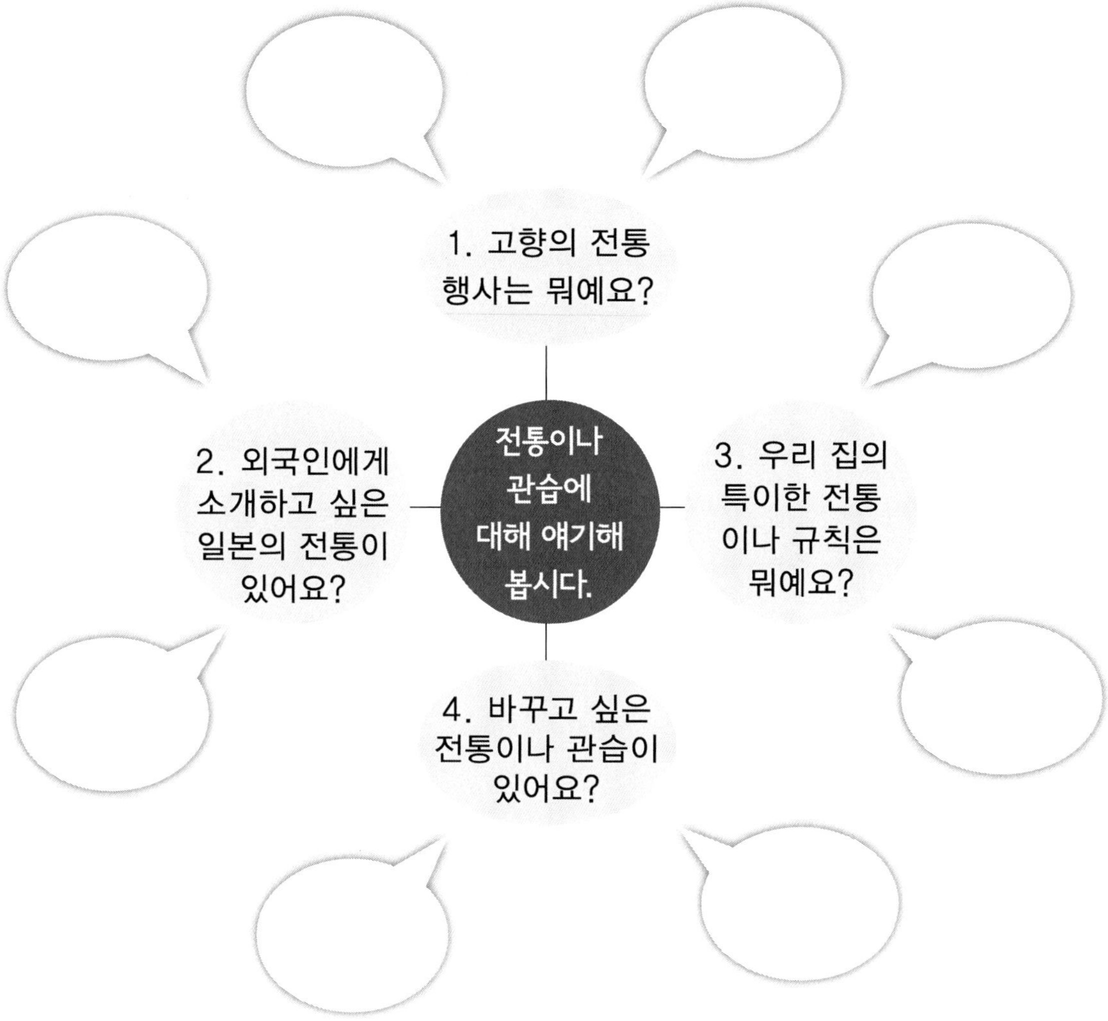

2. 上の図を参考に、伝統や慣習について韓国語で書いてみましょう。

(400字程度、付録の原稿用紙を使用)

参考作品 映画『82년생 김지영』봄바람 영화사, 2019

제10과 기억

10

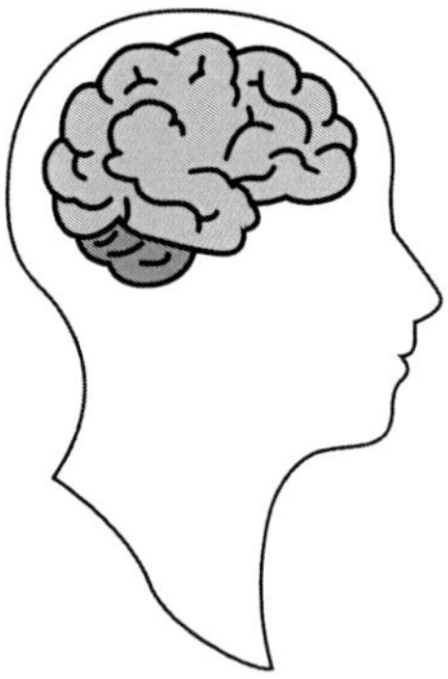

MRI를 찍었다. 하얀 관처럼 생긴 검사대에 몸을 뉘었다. 나는 빛속으로 들어갔다. 일종의 임사체험 같다. 공중에 떠서 내 몸을 내려다보는 환상이 찾아왔다. 죽음[1]이 곁에 와 서 있다. 알 수 있다. 나는 곧 죽을 것이다. 일주일 후에는 인지검사인가 뭔가[2]도 했다. 의사는 묻고 나는 답했다. 문제는 쉬운데 답이 어려웠다. 수조에 손을 넣어 잡힐 듯 잡히지 않는 물고기를 건져내야 할 때의 기분이랄까[3]. 지금 대통령이 누구인가. 올해는 몇 년도인가. 방금 전에 들은 단어 세 개를 말해 보세요. 17 더하기 5는 몇인가. 답을 안다고 확신한다. 그런데 떠 오르지는 않는다. 아는데 모른다? 세상에 어떻게 이런 일이 있는가.

검사를 마치고 의사를 만났다. 표정이 밝지 않았다.

“해마가 위축돼 있습니다.”

의사는 뇌를 찍은 MRI 사진을 가리키며 말했다.

“알츠하이머가 분명합니다. 어느 단계인지는 아직 확실치 않습니다. 시간을 두고 살펴봐야 할 것 같습니다.”

옆에 앉아 있던 은희*는 입을 꾹 다문 채 아무 말도 없었다. 의사가 말했다.

“기억이 점차 사라질 겁니다. 단기 기억이나 최근 기억부터 없어질 겁니다. 진행을 늦출 수는 있지만 막을 수는 없습니다. 일단은 처방해드린 약 꼬박꼬박 챙겨 드세요. 그리고 뭐든지 기록하고 그 기록을 몸에 지니세요. 나중엔 집도 못 찾아가실 수 있습니다.”

*은희：女性の名前

김영하,『살인자의 기억법』중에서

新しい語彙

관　棺
누이다　横たえる、뉘다は縮約形
임사　臨死、死に臨むこと
공중　空中、宙、空
뜨다　浮く、浮ロかぶ
곁　そば、すぐ横、脇
인지　認知
수조　水槽
잡히다　つかむ、捕れる
건져내다　すくい出す、引き揚げる
더하기　足し算
해마　海馬

위축　萎縮
알츠하이머　アルツハイマー
살펴보다　注意して調べてみる
꾹　ぎゅっと、ぐっと
다물다　(口を)つぐむ、閉じる
채　(~の)まま
사라지다　消える、なくなる
막다　止める、ふさぐ
꼬박꼬박　(言いつけに忠実に従う様子)きちんと
챙기다　取りそろえる、準備する
지니다　身に着ける、持つ

本文の翻訳

文法

1. 動 存 形 指 ＋ (으)ㅁ　～すること、～(な)こと

：過去形と-겠の後にもつく。ㄹ語幹の場合は、二重パチッムㄻになる。

이 일에 최선을 다함으로써 보답하겠습니다.

（この仕事に最善を尽くすことで答えます。）

시간이 지난 뒤 그를 사랑했음을 알았다.

（時間が経った後、彼を愛していたことがわかった。）

아버지는 걸음이 빠르셔서 같이 걷기 힘들다.

（父は歩くのが早くて一緒に歩きにくい。）

2. 動 存 ＋ 는가　～するのか

形 指 ＋ (으)ㄴ가

：過去形と-겠の後にもつく。ㄹ語幹はㄹが脱落する。

오늘 회의에 누가 오는가가 중요하다.

（今日の会議に誰が来るのかが重要だ。）

어제 언니가 집에 있었는가가 궁금했다.

（昨日、姉が家にいたのかが気になった。）

집 안이 뭔가 이상해요.（家の中が何か変です。）

＊뭔가は、무엇인가の縮約形

3. 動 存 形 指 ＋ (으)ㄹ까　～するだろうか、～だろうか、～しようか

：過去形の後にもつく。ㄹ語幹はㄹが脱落する。

여기서 놀이공원이 멀까 가까울까?

（ここから遊園地が遠いだろうか、近いだろうか。）

저 그림은 좀 신기하다고 할까.（あの絵はちょっと不思議というか…。）

한국에 1 년 더 있을까 해요.（韓国にもう1年いようかと思います。）

文法ドリル

1. 次の文を日本語に訳してみましょう。

① 삶은 행복한 것만은 아니다.

日訳 ______________________________

② 그 소설의 주인공은 어떻게 됐을까?

日訳 ______________________________

③ 어떻게 사는가는 사람들에게 가장 어려운 문제가 아닐까?

日訳 ______________________________

④ 아름다움의 기준은 사람에 따라서 다르다.

日訳 ______________________________

2. 次の文を韓国語に訳してみましょう。

① この箱の中に何が入っているだろうか。

韓訳 ______________________________

② 学生であることを忘れないでください。

韓訳 ______________________________

③ 友だちとの関係は、距離が遠いのか近いのかは重要ではない。

韓訳 ______________________________

④ 発表しながらもミスするのではないかと心配した。

韓訳 ______________________________

読解ドリル

1. 本文の内容に合う文には○を、異なる文には×を書いてみましょう。

① MRI 를 찍고 인지검사도 했다. （　　）

② 주인공은 지금 대통령을 알고 있다. （　　）

③ 의사는 기억이 사라지지 않을 거라고 했다. （　　）

2. 次の質問に答えてみましょう。

① MRI 를 찍으면서 어떤 체험을 한 것 같이 느꼈어요?

____

② 나중에 집을 찾기 위해 무엇을 해야 해요?

____

③ 의사는 뇌를 찍은 MRI 사진을 가리키며 뭐라고 진단했어요?

____

3. 本文を韓国語で要約してみてください。（150字程度）

応　用

1. 記憶に残っていることについて考えてみましょう。

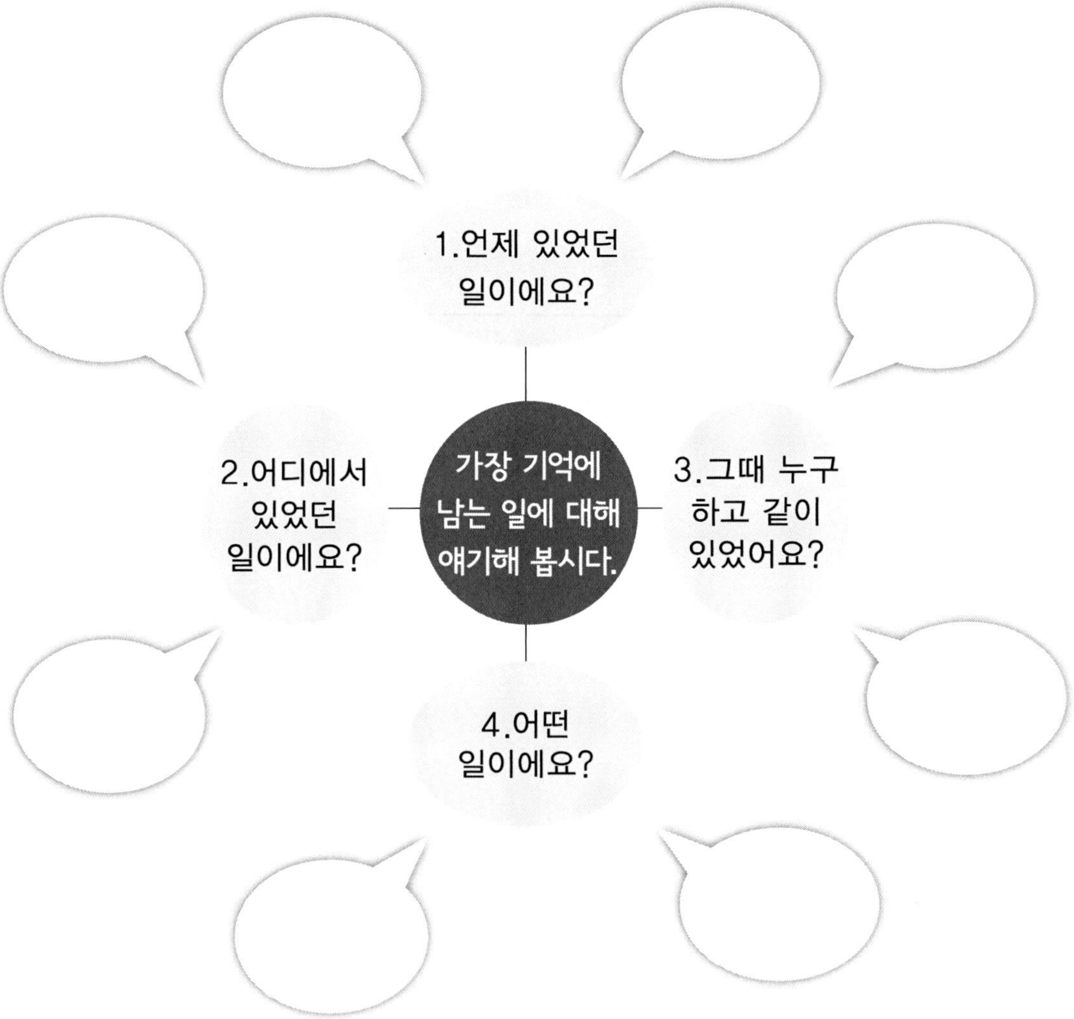

2. 上の図を参考に、記憶に残っていることについて韓国語で書いてみましょう。

(400 字程度、付録の原稿用紙を使用)

引用文献

김영하,『살인자의 기억법』, 복복서가, 2020.

付　録

付録　本文の翻訳例

第1課　信頼できるキンパ

ドラマではストーリーをよりよく理解できるようにするために多様な小道具と仕掛けが用いられる。作品が作られる地域の社会文化的特徴は言うまでもない。例を上げると、海外の韓流マニアが指摘するように、韓国作品には複数の人が一緒に食事をする場面がよく登場する。これは「衣食住」の中でも「食」を、それも一緒に食べることを重要視する韓国文化の特性を反映したものだといえる。

食べ物が小道具として活用された例で、自閉スペクトラム障害を持つ弁護士が毎日キンパを食べるというドラマでは「キンパは信頼できます。材料を一目で見ることができて、予想外の食感や味に驚くことはありません」というセリフが話題を集めた。キンパの特徴を新しい視覚で描きながら、視聴者が自然に障害に対して関心を持つようになる機会を提供している。

友人が作った卵と炒めたキムチだけが入った四角いキンパを見て「ハムとほうれん草はないの。ゴボウ煮は」と警戒心を緩めずにおいしく食べる主人公の姿もまた印象的だった。普段食べていたものとは形も材料も違うキンパに戸惑ったものの、信頼する友人が作ってくれたものだから受け入れることができたのだ。四角いキンパが創作キンパに対する好奇心を刺激したのはもちろんであるが、韓国的な要素である食事の場面を用いて障害の症状や対人関係に及ぼす影響に対する人々の先入観を振り返らせてくれたようだ。

第2課　想像

ショウコは私に四角に折った世界地図をプレゼントしてくれた。ショウコは、世界は広くて、私たちはどこでも行けると言った。私が住んでいる邑から近い都市だけではなく、どうせならソウルへ、北京へ、パリへ、ニューヨークへと行きなさいと言った。私はその話がおかしくてただ笑うばかりだった。私の家族の中には、ソウルに住んだことがある人もいなかったし、私も生まれたところのあたりで生きていくだろうと思っていたから。

私はショウコがくれた世界地図を私の部屋の壁に貼って、ショウコが住んでいるA市と私が住んでいる郡に赤い点をつけた。２つの点は２本の指を広げた幅にもならないほど近かった。そしてショウコが行きたいと言った世界の都市にも点をつけた。北京、ハノイ、シアトル、クライストチャーチ、ダブリン。その小さい点の中にも人々が住んでいると考えると気が遠くなるような気がした。

ショウコの初めての手紙はショウコが発ってから１週間後に届いた。ショウコは韓国にとどまった時間は忘れることができないと書いた。いつか大学に行ったら韓国に再び来て私と旅行したいと書いた。ショウコは、戻った日本はとてもじめじめして、家に入る瞬間はお墓に入る気持ちだったと愚痴っていた。そして次回会ったら必ず腕を組もうと書いた。

第3課　コミュニケーションと共感

女性主人公がスマートフォンに何かをささやくとすぐに携帯の画面を男性主人公に見せる。そこには彼女が言った中国語がハングルに変わっている。男性が笑う。韓国語が上手でない女性と中国語がわからない男性がお互いについて少しずつ知っていくコミュニケーション方法だ。

2人の会話ではかなり難しい表現であるにもかかわらず、通訳・翻訳アプリが別に必要ない場合もあった。男性が「防水されるんです」と言いながら女性に防水バンド(防水絆創膏)を渡す。

そして、少し不安だったのか説明を付け加える。「防水は水、触れても水、入らないという意味です」すると女性は「介護者は防水用品をたくさん使います」という言葉で男性を安心させる。男性が思うように「防水」は少し難しい韓国語かもしれないが、介護者である彼女には日常用語であるため、他の説明が別に必要なかったのだ。人間のコミュニケーションが言語スキルとともに多様な非言語的な要素の調和で成り立っていることを改めて考えさせてくれる場面だ。

通訳・翻訳アプリの助けを受けたり難しい表現に説明を加えること、そして職業上よく使う単語であることを相手に伝える行為にはコミュニケーションを円滑にしようとする対話意志が含まれていると言える。もし、双方が同じ言語を使っているのになかなか言葉が通じないなら、自分の考えだけに没頭しすぎて相手との共感を省略してしまったのではないか、観てみよう。

第4課　好奇心

「そこ、私が行ってはいけませんか」

チェリョンの小間使いにしようとしたアンさんの娘が嫌だと泣いているとき、スナムが前に出ながら言った言葉だ。小作管理人の言葉も思い出した。そこがどこだと（思っているの）。その時の風景や情況はかすかだが、その言葉だけははっきり覚えている。その時スナムはたかだか7歳だった。村を離れたこともない幼い女の子が親と家から離れると言ったのである。

そこ、私が行ってはいけませんかという一言でスナムの人生は変わった。何を考えていたのか。スナムはその子供に聞きたくなった。腹一杯食べられると聞いたからなのか、貧乏な家族のためだったのか、お姫様のように着飾ったチェリョンがうらやましかったからなのか、勝手に動く自動車が不思議だったからなのか。

数多くの質問に対して心の奥深くで7歳のスナムが「そこ」に対する好奇心があったからだと答えた。カンフィがここまで来たあなたを尊敬すると言った、まさに「ここ」にたどり着くことができたのは幼いスナムが抱いた新しい世界に対する憧憬と熱望のおかげであった。もしかしてもっと遡ってスナムが生まれたこと自体が、世の中に対する好奇心だったかもしれない。一番上の姉に聞かされた外の世界の話が、生きることをあきらめようとしていた(母の)お腹の中にいたスナムに最後の力を出させた。その後もスナムはいつも、何かがあるかもしれないそこを夢見ながら生きてきた。

第5課　n個のディア・マイセルブズ

まさに百歳時代である。長生きすると思うと健康管理も老後の準備も心配だ。65歳まで働くといっても、退職してから30年以上生きる日が残っている。老年の人生をどう生きていくか、漠然として想像がつかない。

ドラマで若い作家は、素敵な老年の物語を本にまとめてみたいと、母、おばあちゃん、そして近所のお年寄りたちをリビングルームに呼び集めて、最近の若者たちが読みたがるシルバー世代の話を聞かせてほしいと頼む。しかし、老人たちはありのままの私たちの姿を書いてほしいと、若い作家の要請を断る。「マクチャンドラマじゃない、マクチャン。おばたちがする話はみんなマクチャンじゃないの」と作家が反論しても、「人生はマクチャンだよ」と相手にもしない。作家も負けず「私は私の小説に出てくる大人たちが少しきれいであってほしいです」「私がなぜぐずぐずした、そんな話を書かなければならないの、まったく」と改めて訴えてみるも、「真実だから。それが私たち老人の人生だから」と意志を曲げない。

マルチペルソナ(Multi-Persona)のように人間が状況と関係によって多様な姿を見せることは老年期にも例外ではない。百年近い歳月の間、マクチャンのような日もきれいな日もあまねく経験したはずだ。だから、自分が見たいものだけにこだわらず老人たちの話をありのまま受け入れているうちに、老年期に対する漠然とした不安も少しは解消されるのではないかと思う。

第6課　驚くべき新世界

ユンギョンが話している間も記者たちはスマートフォンを手から離さなかった。孤独を再び発見するために、彼らは今すぐインターネットを検索する勢いだった。確かに…会議を終えて自分の席に戻りながらユンギョンは考えた。自分が孤立した人ではないという事実を自ら証明しなければならないこんな社会で、スマートフォンというのはどれほど緊要な道具なのか。スマートフォンのおかげで、私たちは孤立から抜け出し、24時間誰とでもつながることができる。スマートフォンを持って人差し指を左から右に数センチ動かすだけで驚くべき新世界が目の前で広がる。

今誰がどんな人気店でどんな食べ物を食べているのか、たった今どんな小説を読み終えて(評価の)星マークはいくつなのか、旅行先で自分が出会った驚くべき風景は何だったのか、リアルタイムで分かるその新世界に孤独のための席はない。ムール貝の石釜飯みたいなものを撮って友達のためにツイッターに上げるとき、私たちは無意識にこう言うわけだ。私は1人ではありません。あなたたちと私はこの写真でつながっています。つながっているので、私は無害です。ゆえに、「私たち」は友達です。親交でつながるこの世界は、それゆえ透明である。それぞれは「私たち」につながる。「私たち」は記憶も共有し、判断もともに下す。「私たち」は孤立しない。「私たち」は絶対に自殺もしない。

第7課　対人関係

単身世帯が急増している。「ホンパプ」(一人ご飯)や「ホンスル」(一人酒)「ホンノル」(一人遊び)のように日常を一人で楽しむ人も増えている。一人暮らしでも不便ではない時代ではあるが、だからといって他人と共にする活動が全て無意味になったわけではない。ただ、対人関係による疲労感を最小限に抑えたいという考えには多くの人が同意すると思う。

ドラマ『私の解放日誌』には対人関係に対する現代人の渇望と疲労感がよく描かれている。主人公が通う会社では社員の同好会活動を積極的に奨励している。同好会参加を勧誘する担当者に「疲れました。どこからどのように間違っているのか分かりませんが、ただ疲れました。すべての関係が労働です」と訴えるが、全く通じない。担当者の相次ぐ勧誘攻勢に耐えられなかった彼女は「私たち、本当にするのはどうですか？解放クラブ。私は解放がしたいです。解放されたいです。どこに閉じ込められたのかは分からないが、まるで閉じ込められたようです」と同じ境遇の同僚職員に話す。気に入らない集まりに無理やり参加するよりは、むしろ新しい同好会を作ろうという提案だ。

意図していた方向とは違うが、会社としては、職員間の交流を活性化させようという目的は達成したわけだ。主人公も同好会創設という思いもよらなかった方法で対人関係疲労から「解放」される歩みを始めることになった。

第8課　些細な発見

彼女は4歳のとき、1人でハングルを習得した。まだ、子音と母音に対する認識もないまますべての文字を丸ごと(字母ごとではなく文字単位)覚えた。学校に入った兄が担任の先生を真似してハングルの仕組みを説明してくれたのは、彼女が6歳になった年だった。説明を聞いた瞬間、漠然としていただけだったが、その(年の)早春のある日の午後、彼女はずっと子音と母音について考えることを振り切ることができず、庭にしゃがみ込んでいた。そしたら「나(ナ)」と発音するときのnと「니(ニ)」と発音するときの「ㄴ[n]」は微妙に違う音を出すことを発見し、続けて「사(サ)」と「시(シ)」の「ㅅ[s]」もやはり違う音だと気

づいた。組み合わせうるすべての二重母音を頭の中で作ってみて、「ㅣ(イ)」と「ㅡ (ウ)」の順に結合した二重母音だけは母国語 (韓国語) に存在せず、したがってそれを書く方法もないことが分かった。

その(いくつかの)些細な発見が彼女にどんなに生き生きした興奮と衝撃を与えたか、20年ぐらい後、最初の強烈な記憶をたずねるセラピストの質問に彼女が頭に浮かべたのはその庭に降り注いでいた陽射しだった。陽射しを浴びて暖かくなった背中と首筋。木の棒で地面に書いたいくつかの文字。そこに危なっかしく結合された音韻らの驚異的な約束。

第9課　誰かの視線で眺める

何かを決定したり受け入れようとする時、伝統や慣習のような共同体の規範に頼ると楽だ。みんなそうしていると思えば安心だ。苦労して悩むこともなく、他人を説得しなければならない煩わしさも減らせるだろう。一応、皆に楽な選択であることは間違いない。ところが多くの人に共有されている基準によって誰かの行為や存在価値が一方的に否定されるとなると、話が変わる。自分が納得しがたい状況を知らないふりをしたり、ずっと我慢して過ごしたりしていると、忍耐の限界を越えて収拾できないほど事が大きくなることもある。

映画『82年生まれ、キム・ジヨン』でキム・ジヨンは育児と職場生活を全てうまくできるという漠然とした決意と期待が挫折した時「全て私の過ちです」と反省した。今にも割れそうな風船のように不安な現実にあえて背を向けて、もう少し耐える。それでも答えが出ないと「なぜ私だけめちゃくちゃでしょうか」と言って崩れてしまう。本人はもちろん家族や会社、そして社会が傍観してしまった不条理は「皆が知っているが誰も知らなかった」誰かの苦しみだった。事が起きてから後悔しながら声を出してみるが、過ぎた時間を取り戻すことはできない。「全て知っていると思っている」「あなたと私の話」も他の誰かの視線でもう一度覗いてみれば、思いもよらない問題点や意外と簡単な解決策を見つけられるかもしれない。

第10課　記憶

MRIを撮った。白い棺のような検査台に体を横たえた。私は光の中に入った。一種の臨死体験のようだ。空中に浮いて私の体を見下ろす幻想が訪れた。死がそばに来て立っていた。わかる。私はもう死ぬだろう。一週間後に認知検査か何かもした。医者が尋ね、私は答えた。問題は簡単だが答えが難しかった。水槽に手を入れてつかめそうでつかむことができない魚をすくい出すときの気持ちというか。今の大統領は誰なのか、今年は何年度か。さっき聞いた単語3つを言ってみてください。17たす5はいくつか。答えを知っていると確信する。しかし、思い浮かばない。知っているけど知らない。世の中にどうしてこんなことがあり得るのか。検査を終えて医者に会った。表情が明るくなかった。

「海馬が萎縮しています」

医者は脳を撮ったMRI写真を指差しながら言った。

「アルツハイマーであることが確かです。どの段階なのかはまだはっきりしていません。時間をかけて注意して調べなければならないようです」

隣に座っていたウニは口をぎゅっとつぐんだまま何も言わなかった。医者は言った。

「記憶が次第に消えるでしょう。短期記憶や最近の記憶からなくなるでしょう。進行を遅らせることはできますが、止めることはできません。一応処方した薬をきちんと取りそろえて飲んでください。そして何でも記録して、その記録を身につけてください。後で家にも帰れないかもしれません」

付録　ドリルの解答例

第1課　믿음직스러운 김밥

文法ドリル (p.5)

1.

① 来年はその試験に必ず合格できるように手伝って下さい。

② いつものように今度も応援するよ。

③ 塩を少しだけ入れましょうか。少し薄味にしたいと思って。

④ 韓国語を本当に流ちょうに話しますね。まるでネイティブみたいです。

2.

① 뒷사람한테도 잘 보이도록 화면을 크게 할까요?

② 아침부터 찌는듯이 더운 일요일이었어요.

③ 전체적으로 밝게 하려고 오렌지색을 써 봤어요.

④ 면접 시간에 늦지 않도록 한 시간 일찍 집을 나왔어요.

読解ドリル (p.6)

1. ① ○　② ×　③ ○

2.

① 김밥의 모양이나 속에 넣는 재료가 서로 다르다.

② 같이 식사하는 것을 중요시하는 문화적 특성 때문이다.

③ 재료를 보고 김밥의 맛을 미리 짐작할 수 있다.

3. (要約の例)

시청자들에게도 잘 알려진 김밥을 소품으로 잘 이용하여, 장애 증상에 대한 지식 및 이해를 이끌어냈다. 또한, 창작 김밥을 통해, 그들이 친구일 수 있는 것은 서로에 대한 믿음이 있기 때문이라는 것을 다시 한번 생각하게 해준다.

第2課　상상

文法ドリル (p.11)

1.

① 私に会いに母が日本に来られてから1週間になりました。

② 病院に電話したら明日来なさいと言った。

③ 姉は食べるばかりで片づけはしなかったです。

④ 大学を卒業してからもう10年が過ぎ去った。

2.

① 선생님 질문에 대답하지 못하고 웃기만 했어요.

② 미국에서 돌아온 지 반 년이 지났다.

③ 사장님이 오후까지 기획서를 쓰라고 하고 나가셨다.

④ 방에서 자기만 하고 공부는 안 해요.

読解ドリル (p.12)

1. ① ×　② ○　③ ○

2.

① 네모로 접은 세계지도예요.

② 내 방 벽에 붙여놓았어요.

③ 쇼코가 떠난 지 일주일 뒤에 왔어요.

3. (要約の例)

쇼코는 내게 네모로 접은 세계지도를 선물해줬다. 쇼코가 가고 싶다는 세계의 도시들에도 점을 찍었다. 그 작은 점 속에서도 사람들이 살고 있다고 생각하니 아득해지는 기분이었다. 쇼코는 언젠가 대학에 가게 되면 한국에 다시 와서 나와 여행을 하겠다고 했다.

第3課　소통과 공감

文法ドリル (p.17)

1.

① 私がしばらく連絡をしなかったらかなり心配するでしょう。
② 1つ食べてみたらおいしいと言って2袋も買って行きました。
③ 緊張したら何も思い出せませんでした。
④ ラーメンを2つも食べたのにもかかわらずまだお腹が空いています。

2.
① 예정 시간이 지났는데도 불구하고 버스가 오지 않는다.
② 내가 하는 걸 보더니 이제는 혼자서도 잘 만든다.
③ 소중한 사람을 잃어도 된다면 돈에 집착하세요.
④ 내일 온다고 하더니, 예정이 바뀐 거 같아요.

読解ドリル (p.18)

1. ① ×　② ×　③ ○

2.
① 방수밴드예요.
② 방수라는 단어가 어렵다고 생각해서요.
③ 간병인이어서요.

3. (要約の例)
　한국어가 서툰 여자와 중국어를 모르는 남자가 서로를 좀더 잘 알기 위해 여러가지 노력을 하면서 대화를 나눈다. 그들의 모습을 보면 소통은 언어 스킬뿐만 아니라 많은 비언어적인 요소들의 조화로 이루어진다는 것을 잘 알 수 있다.

第4課　호기심

文法ドリル (p.23)

1.
① その時の記憶はかすかで、あまり覚えてない。
② 韓国にいつ留学に行くのかという質問をよく受けます。
③ 昨日の夜、寝ようとした時間に弟から電話が来た。
④ 父は毎朝お食事をしながら新聞をお読みになる。

2.
① 저 사람을 모르냐는 질문을 했다.
② 선생님이 교실에 들어갔을 때 집에 가려던 학생은 다섯 명이었다.
③ 그 얘기는 신기하며 재미있다.
④ 음악을 들으며 청소하는 것을 좋아한다.

読解ドリル (p.24)

1. ① ×　② ○　③ ○

2.
① 일곱 살이었어요.
② 신기하다고 생각했어요.
③ 무엇이 있을지 모를 그곳을 꿈꾸며 살아왔어요.

3. (要約の例)
　수남은 일곱 살 때 채령의 몸종이 됐다. 거기, 내가 가면 안 되느냐는 한마디로 수남의 인생은 바뀌었다. ‘여기’ 에 다다를 수 있었던 것은 어린 수남이 품었던 새로운 세계에 대한 동경과 열망 덕분이었다. 그 뒤에도 수남은 늘 무엇이 있을지 모를 그곳을 꿈꾸며 살아왔다.

第5課　n개의 디어 마이셀브즈

文法ドリル (p.29)

1.
① 韓国に来てから韓国語がかなり上達した
② 生きていると嬉しい日も悲しい日もあります。
③ 部屋が汚いから一緒に片付けましょう。
④ 午後雨が降るそうなので傘を持って行ってください。

2.
① 감기 약을 먹고 나서 바로 잤어요.
② 미리 전화하고 나서 놀러갔어요.
③ 출장일하고 겹치니까 회의는 다른 날에 합시다.

④ 계속 연습하다(가) 보면 이 동작도 잘하게 될 거예요.

読解ドリル (p.30)

1. ① ×　② ○　③ ×

2.

① 엄마, 할머니, 그리고 동네 어르신들이에요.

② 작가는 멋진 노년의 이야기를 책으로 만들려고 해요.

③ 그게 진실이라고 생각하기 때문이에요.

3. (要約の例)

멋진 노년의 이야기를 책으로 만들기 위해 젊은 작가는 어르신들에게 노인의 이야기 중에서 멋진 이야기만을 들려 달라고 부탁한다. 그러나 노인들은 작가의 요청을 거절한다. 왜냐하면 그들의 있는 그대로에 대해 쓰는 것이 노년기에 대한 진실을 전하는 것이라고 생각하기 때문이다.

第6課　놀라운 신세계

文法ドリル (p.35)

1.

① 想像というものはおもしろくて不思議だ。

② この問題の答えを知っているのか知らないのか気になります。

③ 世の中が変わっているので我々も変わらなければならない。

④ 先週、買った服(のサイズ)が合うかどうか教えてください。

2.

① 인간은 동물이므로 먹지 않으면 안된다.

② 네가 지금 뭘 말하고 있는지 알아?

③ 선생님이 일본 사람이 아니라는 사실에 놀랐다.

④ 학생들이 잘하고 있는지 보러 갈게요.

読解ドリル (p.36)

1. ① ×　② ×　③ ○

2.

① 검지를 왼쪽에서 오른쪽으로 몇 센티미터만 움직이면 돼요.

② '나는 혼자가 아닙니다. 당신들과 나는 이 사진으로 연결됩니다.' 라고 말하고 있어요.

③ 투명한 세계예요.

3. (要約の例)

자신이 고립된 사람이 아니라는 사실을 스스로 증명해야만 하는 이런 사회에서 스마트폰은 요긴한 도구이다. 덕분에 우리는 고립에서 벗어나 24 시간 누구하고도 연결될 수 있고 놀라운 신세계가 눈앞에서 펼쳐진다. SNS 로 연결된 신세계는 투명하고 고립되지 않는다.

第7課　대인관계

文法ドリル (p.41)

1.

① そんなはずがありません。メールを送ってから確認までしましたが。

② あれこれ言い訳を聞いているよりはむしろ私がします。

③ 就職もしたので少し高いプレゼントを買った。

④ 会議に出てじっとしているよりはむしろ欠席した方が良いです。

2.

① 연휴에는 사람들이 붐비는 곳에 가느니 차라리 집에서 쉬겠어요.

② 잔소리를 참고 있느니 차라리 그만두겠어요.

③ 시험도 끝나고 해서 아르바이트를 시작했다.

④ 언제나 지각하는데 일찍 올 리가 없어요.

読解ドリル (p.42)

1. ① ×　② ○　③ ×

2.

① 주인공이 말했어요.

② 힘들고 지쳤어요.
③ ‘혼밥’ ‘혼술’ ‘혼놀’ 같은 것이 있어요.

3. (要約の例)

주인공은 직장 동료와 하는 동호회 활동은 일하는 것과 같아서 힘들게 느껴서 참여하지 않았다. 그러나 담당자는 주인공의 마음을 들어 주기 보다 활동을 권유하는 전화나 면담을 계속한다. 이에 지친 주인공은 하고 싶은 동호회를 만드는 선택을 했다.

第8課　소소한 발견

文法ドリル (p.47)

1.
① メモをしている途中、暫く考え込んだ。
② 友だちは些細な悩みがあることは、平穏だからだと言った。
③ 昨日の夜どれほど寒かったのか、眠れなかったです。
④ 幼い時からいい習慣を持つべきだという話がある。

2.
① 그 일이 힘들다는 것은 모두 알고 있다.
② 그 그림이 얼마나 아름답던지 아무 말도 못했다.
③ 언니는 쪼그리고 앉아 있다가 갑자기 일어섰다.
④ 걷다가 갑자기 생각이 났다.

読解ドリル (p.48)

1. ① ×　② ○　③ ×

2.
① 이른 봄이었어요.
② 네 살이었어요.
③ 최초의 강렬한 기억을 물었어요.

3. (要約の例)

그녀는 네 살에 한글을 깨쳤다. 여섯 살이 되던 해에 모음이 다르면 같은 자음 소리도 달라진다는 것을 깨달았다. 그 소소한 발견들이 그녀에게 생생한 흥분과 충격을 주었다. 이십여 년 뒤 최초의 강렬한 기억을 묻는 심리치료사의 질문에 그녀는 바로 그 마당에 내리쬐던 햇빛을 떠올렸다.

第9課　누군가의 시선으로 바라보기

文法ドリル (p.53)

1.
① ハンバーガーが大きすぎて一口で食べられない時はこうしてみてください。
② こうしたらもっときれいになると思いますが。
③ どうしましょう。まだ書き終わってないのにメールを送ってしまいました。
④ 少しだけ我慢してみてください。もし耐えられなかったら教えてください。

2.
① 버스 안이 갑자기 조용해졌습니다.
② 왜 그러세요? 말하기 힘든 일이에요?
③ 어떻게 하면 지금보다 좋아질까요?
④ 아이스크림이 다 녹아 버렸어요. 어떡해요?

読解ドリル (p.54)

1. ① ×　② ○　③ ○

2.
① 이미 정해진 기준을 지키면 편하기 때문이에요.
② 육아와 직장생활이에요.
③ 누군가의 새로운 시선으로 보면 좋아요.

3. (要約の例)

사회적 규범이나 전통에 의해 고통을 받는 사람도 있다. 여성에게 육아와 경제활동을 주로 담당하게 하는 규범이나 전통이 대표적인 예라고 할 수 있다. 그렇기 때문에 이미 정해진 기준에 대해서도 문제가 없는가 살펴보면 좋다.

第10課　기억

文法ドリル (p.59)

1.

① 生きることは幸せなことばかりではない。

② その小説の主人公はどうなっただろうか。

③ どう生きるのかは人々にとって一番難しい問題ではないだろうか。

④ 美しさの基準は人によって異なる。

2.

① 이 상자 안에 뭐가 들어 있을까?

② 학생임을 잊지 마세요.

③ 친구와의 관계는 거리가 먼가, 가까운가는 중요하지 않다.

④ 발표하면서도 실수하지 않을까 걱정했다.

読解ドリル (p.60)

1. ① ○　② ×　③ ×

2.

① 임사체험 같다고 느꼈어요.

② 뭐든지 기록하고 그 기록을 몸에 지녀야 해요.

③ 알츠하이머라고 했어요.

3. (要約の例)

MRI 를 찍었다. 죽음이 곁에 와 서 있다. 일주일 후에는 인지검사도 했다. 의사는 묻고 나는 답했다. 문제는 쉬운데 답이 어려웠다. 답을 안다고 확신한다. 그런데 떠 오르지는 않는다. 검사를 마치고 의사를 만났다. 알츠하이머라고 했다. 그리고 기억이 점차 사라질 거라고 했다.

単語リスト　各課の「新しい語彙」をㄱㄴㄷ順に収録しました。

(韓 ⇒ 日)

ㄱ

가구	世帯
가난	貧乏、貧しいこと
각자	各自、おのおの
간병인	看病人、介護者
갇히다	閉じ込められる
강렬하다	強烈だ
거부하다	拒否する、拒む
거슬러 올라가다	遡る
건네다	手渡す、渡す、声や言葉をかける
건져내다	すくい出す、引き揚げる
검지	人差し指
겪다	経験する
견디다	耐える、我慢する、やり切れる
경계심	警戒心
경이롭다	驚異的だ
곁	そば、すぐ横、脇
고독	孤独
고립	孤立
-고 싶어하다	～したがる
고작	たかだか、せいぜい、やっと
고집하다	固執する、こだわる
곧바로	すぐに
공세	攻め、アタック
공유되다	共有される
공주	姫
공중	空中、宙、空
관	棺
구질구질하다	ぐずぐずする、だらしのない
군	(地方の行政区域の1つ) 郡(グン)
굴러가다	転がっていく
굽히다	曲げる、屈する
그러자	すると、途端に
그저	ただ
근방	近所、あたり
금방이라도	今にでも、今にも
급증하다	急増する
기대다	寄りかかる、あてにする、頼る
기세	勢い、意気込み
기왕이면	どうせなら、せっかくなら
깨치다	習得する、理解する、悟る
꼬박꼬박	(言いつけに忠実に従う様子)きちんと
꾹	ぎゅっと、ぐっと

ㄴ

날	日、日々
납득하다	納得する
내내	ずっと、～中
내리다	下す、下げる、降りる、降る
내리쬐다	降り注ぐ、照りつける
네모	四角
놀라다	驚く、びっくりする
놀랍다	驚くべきだ、驚くほどすばらしい
누이다	横たえる
늙은이	年寄り
늦추다	緩める

ㄷ

다다르다	たどり着く、至る、到達する
다물다	(口を)つぐむ、閉じる
다짐	決意、誓い、確約
달라다	(달라고 하다の縮約形)くれという、ちょうだいという
달성하다	達成する、成し遂げる
당하다	される、(被害を)こうむる
당황스럽다	慌てる、パニックになる
닿다	触れる
더하기	足し算
덕분	おかげ、恩恵
덧붙이다	付け加える、付け加えて言う
동경	憧憬、あこがれ
동의하다	同意する
되돌아보다	振り返る
두루두루	まんべんなく、いろいろと
뒤잇다	続く
-든	(-든지の縮約形) ～でも
들여다보다	覗き見る、覗く、調べる
등장하다	登場する
따라서	したがって、それで、だから
따위	～みたいなもの、～のようなやつ
떨치다	振り切る、振り落とす
뚜렷하다	明らかだ、はっきりしている
뜨다	浮く、浮かぶ

ㅁ

마당　庭
마름　小作地管理人
막　たった今、まさに、ちょうど
막다　止める、ふさぐ
막연하다　漠然としている、見通しが立たない
막장　どん詰まり、とんでもない状況
말할 것도 없다　言うまでもない
맛집　おいしい店、人気店
맞닥뜨리다　出会う、ぶつかる
머무르다　とどまる、泊まる
모습　姿
목덜미　首筋、襟首、うなじ
몰두하다　没頭する、打ち込む、夢中だ
몸종　小間使い
무너지다　崩れる、倒れる
무덤　墓、墳墓
무의미하다　無意味だ、無駄だ、役に立たない
무해　無害
뭔가　何か、何かが
미묘하다　微妙だ、デリケートだ
미소　微笑、ほほえみ
믿음직스럽다　頼もしい、信頼できる

ㅂ

바꾸다　変える、替える、取り替える
바야흐로　まさに、今や、今こそ
반론하다　反論する
반영하다　反映する
받아들이다　受け入れる、取り入れる
방관하다　傍観する、手をこまねく
배불리　腹一杯に、たらふく
번거로움　煩わしさ、複雑さ、手間
벗어나다　離れる、ぬけ出す
벽　壁、障壁
별점　(評価の)星マーク
볕　陽射し
불안하다　不安だ
불편하다　ここち悪い、不自由だ、不便だ
불평　愚痴、不平、不満
빨간색　赤色

ㅅ

사라지다　消える、なくなる
살펴보다　注意してみる、観察する
삶　暮らし、人生、生活、生き方
삼다　～にする、～と見なす
상대하다　相手にする
상상　想像
생각하니　思うと、考えると
생각(하)지도 못하다　思いもよらない
생생하다　生き生きとしている、新鮮だ
서방　(官職がない男の名字につけて呼ぶ言葉)さん
서툴다　苦手だ、下手だ
설득하다　説得する
셈　わけ、つもり
소소하다　些細だ、粗末だ
소통　疎通、コミュニケーション
소품　小道具
속삭이다　ささやく、ひそひそと話す
수습하다　収拾する、後始末する
수조　水槽
순간　瞬間
스스로　自ら、自分で
습하다　じめじめする、湿り気がある
시작하다　始める、立ち上げる
시키다　させる、注文する
식감　食感、歯ごたえ
신기하다　不思議だ、珍しい
신뢰하다　信頼する
실시간　リアルタイム
심리치료사　セラピスト、心理治療士

ㅇ

아득하다　気が遠くなる、果てしなく遠い
아슬아슬　危なっかしい、はらはら
알츠하이머　アルツハイマー
언젠가　(언제인가の縮約形)いつか
엉망이다　めちゃくちゃだ、台無しだ
-에다　～に、～に加えて、～まで、さらに
여기다　思う、見なす、感じる
열망　熱望
요긴하다　緊要だ、重要だ
움직이다　動かす、動く
웃기다　おかしい、笑わす、笑わせる
원활하다　円滑だ、順調だ、スムーズだ
위축　萎縮
음운　音韻
읍　(地方の行政区域の1つ) 邑(ユウ)
의도하다　意図する
의외로　意外に、意外と、思ったより
이루어지다　構成される、なされる
이르다　早い
인내심　忍耐心、我慢
인지　認知
인하다　因る、基づく、原因による
임사　臨死、死に臨むこと
있는 그대로　ありのままに、あるがままに

ㅈ

자살	自殺
작대기	木の棒
잘못	過ち
잘못되다	間違う、誤る
잡히다	つかむ、捕れる
장려하다	奨励する
장애	障害
적다	書く、記す
절대로	絶対に
젊은이	若者
점	点、要点
접다	折る
정황	情況、状況
제공하다	提供する
제법	なかなか、結構、案外、かなり
조합	組み合わせ
존경	尊敬、敬うこと
좀처럼	なかなか、めったに、簡単には
좌절	挫折、落ち込み
줄이다	減らす
증명	証明
증상	症状
지니다	身に着ける、持つ
지적하다	指摘する
쪼그리다	しゃがみ込む、うずくまる
찍다	つける、押す

ㅊ

차려입다	着飾る
참여하다	参加する
채	(〜の)まま
챙기다	取りそろえる、準備する
처지	立場、状態、境遇
척	ふり
최소한	最小限、最低限
친분	親交、親密な間柄

ㅌ

태어나다	生まれる
터지다	突然起こる、どっと出る
통-	(接続辞)丸ごと、1つのかたまり
통번역	通訳・翻訳
투명	透明
틀림없다	間違いない、相違ない

ㅍ

팔짱(을) 끼다	腕を組む
펼쳐지다	広がる
평소	平素、普段
포기하다	あきらめる
품다	抱く、かかえる
풍경	風景

ㅎ

한눈에	一目に、一目で
한마디	一言
한 뼘	2本の指を広げた幅、指尺
해마	海馬
해방하다	解き放つ、解放する
해법	解決策、問題の解き方
해소되다	解消される
햇빛	陽射し
호기심	好奇心
호소하다	訴える、呼びかける
홍합돌솥밥	ムール貝の石焼釜飯
활용하다	活用する
흉내내다	真似する
흙바닥	地面、地べた
희랍어	ギリシャ語
희미하다	かすかだ、ぼんやりしている

単語リスト　各課の「新しい語彙」の日本語訳を50音順に収録しました。

(日 ⇒ 韓)

あ

相手にする	상대하다
赤色	빨간색
明らかだ	뚜렷하다
あきらめる	포기하다
あこがれ	동경
アタック	공세
あたり	근방, 주변
あてにする	기대다, 기대하다
後始末する	수습하다
危なっかしい	아슬아슬, 위험하다
過ち	잘못
誤る	잘못되다
ありのままに	있는 그대로
アルツハイマー	알츠하이머
慌てる	당황스럽다
案外	제법, 의외로
言うまでもない	말할 것도 없다
意外と、意外に	의외로
生き生きとしている	생생하다
勢い	기세
生き方	삶
意気込み	기세
萎縮	위축
抱く	품다
至る	다다르다
いつか	언젠가(언제인가の縮約形)
意図する	의도하다
今こそ、今や	바야흐로
今にでも、今に	금방이라도
いろいろと	두루두루
浮かぶ	뜨다, 떠오르다
浮く	뜨다
受け入れる	받아들이다
動かす	움직이다, 움직이게 하다
動く	움직이다
うずくまる	쪼그리다
打ち込む	몰두하다
訴える	호소하다
腕を組む	팔짱(을) 끼다
うなじ	목덜미
生まれる	태어나다
敬うこと	존경
襟首	목덜미
円滑だ	원활하다
おいしい店	맛집
おかげ	덕분
おかしい	웃기다, 이상하다
押す	찍다
落ち込み	좌절
驚く	놀라다
驚くべきだ	놀랍다
おのおの	각자, 개개인
思いもよらない	생각하지도 못하다
思う	여기다, 생각하다
思うと	생각하니
思ったより	의외로
降りる	내리다
折る	접다
音韻	음운
恩恵	덕분

か

解決策	해법, 해결책
介護者	간병인
解消される	해소되다
海馬	해마
解放する	해방하다
かえる	바꾸다
かかえる	품다
書く	적다, 쓰다
各自	각자
確約	다짐
かすかだ	희미하다
活用する	활용하다
かなり	제법, 꽤
我慢	인내심
我慢する	견디다, 참다
考えると	생각하니
観察する	살펴보다
感じる	여기다, 느끼다
簡単には	좀처럼, 쉽게는
看病人	간병인
消える	사라지다, 없어지다, 지워지다
着飾る	차려입다
気が遠くなる	아득하다
きちんと	(言いつけに忠実に従う様子) 꼬박꼬박
木の棒	작대기
急増する	급증하다

ぎゅっと	꾹
驚異的だ	경이롭다
境遇	처지, 경우
共有される	공유되다
強烈だ	강렬하다
拒否する	거부하다
ギリシャ語	희랍어
近所	근방, 근처
緊要だ	요긴하다
空中	공중
ぐずぐずする	구질구질하다
崩れる	무너지다
下す	내리다
愚痴	불평
屈する	굽히다, 굴복하다
ぐっと	꾹, 꽉
首筋	목덜미
組み合わせ	조합
暮らし	삶
くれという	(달라고 하다の縮約形)달라다
加わる	끼다, 더해지다
郡(グン)	(地方の行政区域の1つ)군
警戒心	경계심
経験する	겪다
決意	다짐
結構	제법
原因による	인하다
好奇心	호기심
構成される	이루어지다
こうむる	(被害を)당하다
ここち悪い	불편하다
小作地管理人	마름
固執する	고집하다
こだわる	고집하다
小道具	소품
孤独	고독
拒む	거부하다
小間使い	몸종
コミュニケーション	커뮤니케이션, 소통
孤立	고립
転がっていく	굴러가다

さ

最小限、最少でも、最低限	최소한, 적이도
遡る	거슬러 올라가다
下げる	내리다
些細だ	소소하다
ささやく	속삭이다
挫折	좌절
させる	시키다
さらに	-에다
される	당하다
さん	(官職がない男の名字につけて呼ぶ言葉)서방, 씨
参加する	참여하다
四角	네모
自殺	자살
したがって	따라서
したがる	-고 싶어하다
指摘する	지적하다
自分で	스스로
地べた	흙바닥, 지면
じめじめする	습하다
湿り気がある	습하다
地面	흙바닥, 지면
しゃがみ込む	쪼그리다
収拾する	수습하다
習得する	깨치다, 습득하다
重要だ	요긴하다, 중요하다
瞬間	순간
順調だ	원활하다, 순조롭다
準備する	챙기다, 준비하다
障害	장애
情況	정황
状況	상황, 정황
憧憬	동경
症状	증상
状態	처지, 상태
障壁	벽
証明	증명
奨励する	장려하다
食感	식감
調べる	들여다보다, 조사하다
記す	적다
親交	친분
人生	삶, 인생
新鮮だ	생생하다, 신선하다
親密な間柄	친분, 친한 사이
信頼する	신뢰하다
信頼できる	믿음직스럽다
水槽	수조
姿	모습
すくい出す	건져내다
すぐに	곧바로
ずっと	내내
スムーズだ	원활하다
すると	그러자
生活	삶, 생활
せいぜい	고작

世帯	가구, 세대
せっかくなら	기왕이면
絶対に	절대로
説得する	설득하다
攻め	공세
セラピスト	심리치료사
相違ない	틀림없다
想像	상상
疎通	소통
そば	곁, 옆
粗末だ	소소하다
空	공중, 하늘
それで	따라서, 그래서
尊敬	존경

た

台無しだ	엉망이다
耐える	견디다, 참다
倒れる	무너지다, 쓰러지다, 넘어지다
たかだか	고작
だから	따라서, 그래서, 그러니까
足し算	더하기
ただ	그저, 오직, 단지
立ち上げる	시작하다, 일어서다, 일어나다
立場	처지, 입장
達成する	달성하다
たった今	막, 방금
たどり着く	다다르다
頼もしい	믿음직스럽다
頼る	기대다, 의지하다
だらしのない	구질구질하다
たらふく	배불리
誓い	다짐
宙	공중
注意してみる	살펴보다
ちょうだいという	(달라고 하다の縮約形) 달라다
ちょうど	막, 마침
通訳・翻訳	통번역
つかむ	잡히다
つぐむ	다물다
付け加える	덧붙이다
つける	찍다
続く	뒤잇다
つもり	셈
出会う	맞닥뜨리다, 마주치다
提供する	제공하다
手間	번거로움
～でも	(-든지の縮約形)-든
デリケートだ	미묘하다
照りつける	내리쬐다
手渡す	건네다
手をこまねく	방관하다
点	점
同意する	동의하다
登場する	등장하다
どうせなら	기왕이면
到達する	다다르다
透明	투명
解き放つ	해방하다
閉じ込められる	갇히다
年寄り	늙은이
閉じる	(口を)다물다, 닫다, 닫히다
途端に	그러자
突然起こる	터지다
どっと出る	터지다
とどまる	머무르다, 멈추다
泊まる	머무르다, 묵다
止める	막다, 세우다
取り入れる	받아들이다
取り替える	바꾸다
取りそろえる	챙기다
捕れる	잡히다
とんでもない状況	막장
どん詰まり	막장, 막판

な

中	내내, 가운데
なかなか	제법, 좀처럼
なくなる	사라지다
なされる	이루어지다
成し遂げる	달성하다
納得する	납득하다
何か	뭔가
～に	-에다
苦手だ	서툴다
～にする	삼다
庭	마당
人気店	맛집
忍耐心	인내심
認知	인지
～に加えて	-에다
ぬけ出す	벗어나다
熱望	열망
覗き見る	들여다보다

は

墓	무덤

漠然としている	막연하다
歯ごたえ	식감
挟まる	끼다
始める	시작하다
はっきりしている	뚜렷하다
果てしなく遠い	아득하다
離れる	벗어나다, 떠나다
パニックになる	당황스럽다
早い	이르다
腹一杯に	배불리
はらはら	아슬아슬, 조마조마
反映する	반영하다
反論する	반론하다
日	날
引き揚げる	건져내다
陽射し	볕, 햇빛
微笑	미소
ひそひそと話す	속삭이다
棺	관
びっくりする	놀라다
一言	한마디
人差し指	검지
一目で、一目に	한눈에
微妙だ	미묘하다
姫	공주
広がる	펼쳐지다
貧乏	가난
不安だ	불안하다
風景	풍경
複雑さ	번거로움
ふさぐ	막다
不思議だ	신기하다
不自由だ	불편하다
普段	평소, 보통
ぶつかる	맞닥뜨리다
不平	불평
不便だ	불편하다
不満	불만
ふり	척
振り落とす	떨치다
振り返る	되돌아보다
振り切る	떨치다
降り注ぐ	내리쬐다
降る	내리다
墳墓	무덤, 묘지
平素	평소
壁	벽
下手だ	서툴다
減らす	줄이다
傍観する	방관하다
星マーク	(評価の)별점
没頭する	몰두하다
ほほえみ	미소
ぼんやりしている	희미하다

ま

曲げる	굽히다
まさに	막, 바야흐로
間違いない	틀림없다
間違う	잘못되다
まで	-에다, -까지
真似する	흉내내다
まま	채
丸ごと	통-(接頭辞)
まんべんなく	두루두루
自ら	스스로
みたいなもの	따위
見通しが立たない	막연하다
見なす	삼다, 여기다
身に着ける	지니다
無意味だ	무의미하다
ムール貝の石焼釜飯	홍합돌솥밥
無害	무해
無駄だ	무의미하다
夢中だ	몰두하다
珍しい	신기하다, 드물다
めちゃくちゃだ	엉망이다
めったに	좀처럼
持つ	지니다, 가지다
基づく	인하다, 비롯하다
問題の解き方	해법

や

役に立たない	무의미하다
やっと	고작, 겨우
やり切れる	견디다
邑(ユウ)	(地方の行政区域の1つ)읍
指尺	(2本の指を広げた幅)한 뼘
緩める	늦추다, (긴장을)풀다
要点	점, 요점
ようなやつ	따위
横	곁, 옆
横たえる	누이다
呼びかける	호소하다
寄りかかる	기대다, 의지하다
因る	인하다, 의하다, 따르다

ら

リアルタイム	실시간
理解する	깨치다, 이해하다
臨死	임사

わ

若者	젊은이
脇	곁, 옆
わけ	셈
煩わしさ	번거로움
渡す	건네다
笑わす	웃기다
笑わせる	웃기다, 놀리다

参考・引用作品一覧

奇数課の参考作品及び
偶数課で引用した小説の出典と日本語に翻訳されている翻訳書一覧です。

*お断り
「本文の翻訳例」(64ページ)は可能な限り逐語訳になるように
著者が訳出したもので、翻訳書からの引用ではありません。

제1과 믿음직스러운 김밥

ドラマ『이상한 변호사 우영우』(邦題『ウ・ヨンウ弁護士は天才肌』)、ENA(Netflix配信)、2022.(1話、8話)

제2과 상상

引用文献　최은영,『쇼코의 미소』, 문학동네, 2019.

翻訳書　チェ・ウニョン著『ショウコの微笑』(吉川凪監修　牧野美加・横山麻矢・小林由紀訳)クオン、2018.

제3과 소통과 공감

映画『헤어질 결심/Decision to Leave』(邦題『別れる決心』)、2022.

제4과　호기심

引用文献　이금이,『거기, 내가 가면 안 돼요?』, 사계절출판사, 2017.

翻訳書　イ・グミ著『そこに私が行ってもいいですか?』(神谷丹路訳)里山社, 2022.

제5과 n개의 디어 마이셀브즈

ドラマ『디어 마이 프렌즈/Dear my friends(邦題『ディア・マイ・フレンズ』)、tvN、2016.(11話)

제6과　놀라운 신세계

引用文献　김연수,『파도가 바다의 일이라면』, 문학동네, 2015.

翻訳書　キム・ヨンス著『波が海のさだめなら』(松岡雄太訳)駿河台出版社, 2022.

제7과 대인관계

ドラマ『나의 해방일지』(邦題『私の解放日誌』)、JTBC、2022.(2話、3話)

제8과 소소한 발견

引用文献　한강,『희랍어 시간』, 문학동네, 2011.

翻訳書　ハン・ガン著『ギリシャ語の時間』(斎藤真理子訳)晶文社, 2017.

제9과 누군가의 시선으로 바라보기

映画『82년생 김지영』(邦題『82年生まれ、キム・ジヨン』)、2019.

제10과　기억

引用文献　김영하,『살인자의 기억법』, 복복서가, 2020.

翻訳書　キム・ヨンハ著『殺人者の記憶法』(吉川凪訳)クオン、2017.

著 者

金 恵媛(キム・ヘウォン)
山口県立大学国際文化学部教授

文 珍瑛(ムン・チニョン)
成蹊大学全学教育講師

文化で学ぶコリアンー読解と作文

2023 年 10 月 20 日　初版発行

著　者　金恵媛・文珍瑛
発行者　佐藤和幸
発行所　株式会社　白 帝 社
〒 171-0014 東京都豊島区池袋 2-65-1
電話 03-3986-3271 FAX 03-3986-3272
https://www.hakuteisha.co.jp
組版　崔貞姫　　表紙デザイン　(株)アイ・ビーンズ
印刷・製本　大倉印刷

Printed in Japan〈検印省略〉　ISBN978-4-86398-576-6
＊定価は表紙に表示してあります。